中国工运通史

民航工会卷

中国民航工会 编

中国工人出版社

图书在版编目（CIP）数据

中国工运通史．民航工会卷 / 中国民航工会编．
北京：中国工人出版社，2025.4. -- ISBN 978-7-5008-8701-0

Ⅰ．K261.3

中国国家版本馆 CIP 数据核字第 2025JA9832 号

中国工运通史 民航工会卷

出 版 人　董　宽
项目统筹　蒋佩轩
责任编辑　孟　阳
流程编辑　李若昕
责任校对　张　彦
责任印制　栾征宇
封面设计　久品轩
出版发行　中国工人出版社
地　　址　北京市东城区鼓楼外大街45号　邮编：100120
网　　址　http://www.wp-china.com
电　　话　（010）62005043（总编室）
　　　　　（010）62005039（印制管理中心）
发行热线　（010）82029051　62383056
经　　销　各地书店
印　　刷　北京盛通印刷股份有限公司
开　　本　710毫米×1000毫米　1/16
印　　张　16.25
字　　数　204千字
版　　次　2025年4月第1版　2025年4月第1次印刷
定　　价　168.00元

《中国工运通史 民航工会卷》
编委会

前　言

中国民航工人运动作为党领导的中国工运事业的重要组成部分，在中国工运百年历史上书写出具有鲜明产业特色的壮美篇章，在中国共产党带领中国人民实现救国、兴国、富国、强国的不懈奋斗史中始终闪耀着璀璨光芒。无论是在风雨如磐的革命年代、如火如荼的建设时期，还是在激跃奋进的改革开放征程上，特别是进入新时代，民航工人始终凝聚在党的旗帜下，牢牢把握我国工人运动时代主题，为完成党的中心任务矢志不渝、努力奋斗。在这一伟大的历史进程中，民航工会①始终自觉接受党的领导，围绕党的纲领和不同历史时期确立的中心任务，充分发挥党联系职工群众的桥梁纽带作用。

新民主主义革命时期，中国民航业的诞生和发展，为早期民航工人运动奠定了基础。中国共产党具有远见卓识，从成立之初就对航空事业矢志探索，对航空事业的追求与中国民航的产生与发展基本同步。中国共产党领导的工人运动、开展的航空实践，对民航工人运动产生了一定影响。这个时期，民航工人队伍规模不大，但素质较高，觉悟也较高，为求生存求发展，自发组织起维护自身权益和国家利益的斗争，为中国共产党领导“两航”起义奠定了思想基础和组织基础。而中国共产党领导的震惊中外的

① 1949 年 9 月，中国共产党领导成立了港九民航工会。新中国成立后，民航局党组、全国总工会批准成立了全国性的民航产业工会，1950 年 12 月至 1983 年 7 月为民航工会工作委员会，1983 年 8 月至今为中国民航工会全国委员会。

“两航”起义，为新中国民航事业及民航工人运动的发展创造了有利条件。

社会主义革命和建设时期，在党的关怀领导下，新中国民航艰苦创业，探索前行，茁壮成长。在这期间，民航工会历经两次建立与两次撤销的起伏，“文化大革命”使干部职工队伍遭受创伤，但在民航局（民航总局）党委和全国总工会的领导下，民航工会积极开展工作，民航职工发挥主力军作用，大力推动民航事业发展，为恢复国民经济、巩固新生人民民主政权和建设社会主义作出了重要贡献。这一时期，民航职工积极参与“八一”开航、支持抗美援朝战争、执行解放西藏空投任务、保障党和国家领导人出访等重大飞行任务，保障民航安全生产，服务国家外交大局。

改革开放和社会主义现代化建设新时期，中国民航砥砺奋进、蓬勃发展，中国民航工人运动进入新的发展阶段。1983 年，中国民航工会召开第一次全国代表大会，成立第一届全国委员会，从此步入稳步发展的轨道。2002 年民航新一轮体制改革后，民航建立起主辅管理相结合的工会管理体制，形成了维护行业系统性的工会组织优势。这一时期，中国民航工会以改革创新精神团结动员民航职工积极投身改革开放和现代化建设大潮。民航职工开拓进取、锐意创新，推动民航业持续快速发展，中国民航运输总周转量于 2005 年跃居世界第二位，进入世界民航大国之列。这一时期，民航职工成功处置空防安全事件，涌现出杨继海机组、王仪轩机组等“中国民航英雄机组”，圆满完成汶川抗震救灾、北京奥运会、利比亚大规模撤侨等重大紧急航空运输保障任务。

中国特色社会主义新时代，为实现中华民族伟大复兴的中国梦而奋斗成为中国工人运动的时代主题。中国民航工会以习近平新时代中国特色社会主义思想为指导，不断强化理论武装，深入学习贯彻习近平总书记关于工人阶级和工会工作的重要论述、关于民航工作的重要指示批示精神，牵头组织实施民航职工队伍建设改革，团结动员民航职工推动民航高质量发展取得可喜成就。这一时期，机队规模不断扩大，基础设施建设持续加快，航线网络四通八达，行业治理体系日益完善，安全水平位居世界前列；中国连续七届当选国际民航组织一类理事国，中国民航国际地位和影响力显著增强。这一时期，“中国民航英雄机长”刘传健成功处置川航“5·14”事件，北京大兴国际机场等一批具有标志性意义的重点工程建设投运，C919国产大飞机投入运行，北斗系统加入国际民航组织标准，智慧民航建设不断取得新突破。

新征程上，中国民航工会高举中国特色社会主义伟大旗帜，以习近平新时代中国特色社会主义思想为指导，在民航局党组和全国总工会的坚强领导下，保持和增强政治性、先进性、群众性，不断增强引领力、组织力、服务力，踔厉奋发、勇毅前行，团结动员民航职工奋力谱写加快建设交通强国民航篇章，努力当好中国式现代化开路先锋，为强国建设、民族复兴作出新的更大贡献。

目录 / CONTENTS

第一编

新民主主义革命时期的民航工人运动（1919—1949）

第二编

社会主义革命和建设时期的民航工人运动（1949—1978）

第三编

改革开放和社会主义现代化建设新时期的民航工人运动（1978—2012）

第四编

中国特色社会主义新时代的民航工人运动（2012—2024）

第一编

新民主主义革命时期的民航工人运动（1919—1949）

新民主主义革命时期，我国工人阶级在中国共产党的领导下，以实现民族独立、人民解放为己任，积极投身反对帝国主义、封建主义、官僚资本主义的斗争中，不断掀起中国工人运动的高潮。香港海员大罢工、安源路矿工人大罢工、京汉铁路工人大罢工等声势浩大的工人运动，展示了中国工人阶级的强大力量和斗争精神。以独立姿态登上历史舞台的中国工人阶级，前仆后继、浴血奋战，为夺取新民主主义革命的胜利建立了不朽的历史功勋。这一时期，“航空救国”理念为中国航空事业的诞生和发展提供了思想动力，也推动了中国对民航的实践探索。中国共产党具有远见卓识，从成立之初就对航空事业矢志探索，对航空事业的追求与中国民航的产生与发展基本同步。中国共产党领导的工人运动、开展的航空实践，对民航工人运动产生一定影响。这个时期，民航工人队伍规模不大，但素质较高，觉悟也较高，为求生存求发展，自发组织起维护自身权益和国家利益的斗争，为中国共产党领导“两航”起义奠定了思想基础和组织基础。

第一章
民航工人的起源

鸦片战争以来，外国资本的侵入，对我国封建统治的经济基础造成了严重冲击，但同时也推动了商品经济的蓬勃发展。城乡之间的商品交流日益频繁，交流范围逐步扩大，交通事业如轮船、火车、公路、航空等相继得到发展。进入20世纪后，在“航空救国”理念的启发激励下，晚清政府、北洋政府、国民政府和中国共产党在各个时期推动中国航空事业发展，中国民航随之诞生，中国民航工人逐步登上历史舞台。

一、航空事业的发轫与早期发展

1903年，美国莱特兄弟制造的装有内燃发动机和螺旋桨的飞机，首次进行了持续的、有动力的、可操纵的载人飞行，开辟了人类航空事业的新纪元。在西方航空技术发明和发展过程中，侨居和留学海外的中华儿女积极向国内推介西方航空技术，国内学者也积极传播航空知识，加之外国飞机来华表演，共同推动了我国航空技术的引进与应用。面对西方列强侵略与压迫以及西方航空事业迅猛发展，晚清政府和北洋政府寄希望于“航空制胜”以维护国家统治。辛亥革命前，孙中山亲历英、法、美、日等国，耳闻目睹西方飞机的发明、发展及其具体运用，为实现外御强国侵略、内除军阀割据，实现全国统一，积极倡导“航空救国”理念。1924年，国共合作，中国共产党开始注重航空事业的建设与发展。

晚清政府创办航空事业。清政府在领略了西方列强坚船利炮的厉害之后，不再单纯地将西方先进技术视为“奇技淫巧”，也想采取“以夷制夷”和“借夷固统”的手段。1909年，清摄政王载沣接受军谘府提议，开始兴办军事航空，组织留学海外人员学习航空驾驶和制造技术。1910年选派留英学生厉汝燕，1911年选派留法学生秦国镛、潘世忠等多人学习航空驾驶和制造技术。1911年，在北京南苑五里店设立禁卫军航空队，选拔军官进行飞行训练，此举标志着中国航空事业的起步与航空队伍的初步建立。

孙中山创办航空事业。孙中山是中国近代航空事业的奠基人，高度重视航空事业。1911年至1923年，先后组建广东军政府飞行队、援闽粤军飞行队、大元帅府航空局、飞机制造厂，任命中国航空事业的先驱冯如、毕业于纽约如莱斯大学航空系的杨仙逸等人担任要职。其中，被孙中山称为“中国创始飞行大家”的冯如，12岁从原籍广东恩平随亲戚去美国，经过十年半工半读，掌握了机械和电学等方面的知识。1909年9月21日，冯如首次驾驶自制飞机在美国飞上蓝天，为我国近代航空事业的发展迈出了具有历史意义的一步。1910年10月，冯如仿制寇蒂斯A型飞机，试飞10多次，其性能超过当时的其他飞机。冯如的成功，经历了多次失败的过程，“壮国体，挽利权”“苟无成，毋宁死”的豪情壮志，始终激励他报效祖国。孙中山十分欣赏冯如的作为。1911年1月，冯如制成一架液冷式发动机的双翼飞机，在奥克兰进行表演并获得成功。孙中山到现场观看表演，称赞“我们中国有杰出的人才”。2月，冯如偕同在美国创办“广东飞行器公司”的助手，携带自制的两架飞机回国，由于种种原因他未能实现在国内发展航空的愿望。辛亥革命爆发后，1911年11月9日，广东军政府成立，随后又成立了飞行队，冯如被任命为队长。1912年8月

25 日，冯如在广州燕塘驾驶自制飞机飞行，因飞机失事不幸殉难，终年 28 岁，成为我国第一位驾机失事牺牲的飞行员。他临终前告勉助手：“勿因吾毙而阻其进取心，须知此为必有的阶段。”①冯如牺牲后，孙中山于 11 月 16 日下令褒扬冯如始创中国飞行的伟大贡献，批准“从优照少将阵亡例给恤，并将事实宣付国史馆”②。从其遗愿，冯如被安葬在广州黄花岗 72 烈士墓左侧，墓碑正面刻“中国创始飞行大家冯如君之墓”，背面刻孙中山的命令，左右两侧刻“第一飞行大家冯如墓志铭”。

★ 孙中山题词“航空救国”。

1913 年至 1924 年，孙中山组织一批爱国青年到国外学习航空技术，创办各类飞行学校，如中华民国飞船公司、中华革命党飞行学校、中国国民党飞行学校等，广泛招收学员，培养具备较高专业素养的航空队伍。1921 年，孙中山致函廖仲恺，叙述他拟撰写的国防计划，该计划要目共 62 项，计有 9 项涉及航空事业。孙中山曾自喻其“国防计划”为“救国计划”，把他多年来对发展中国航空、建设革命空军、实现“航空救国”的思想更加理论化和具体化。因为当时欧美航空刚刚起步，运用于运输的能力甚微，所以孙中山的“航空救国”论侧重于军事发展方面，尚未强

① 李军、林明华：《中国民用航空史》，中国民航出版社 2019 年版，第 13 页。
② 李军、林明华：《中国民用航空史》，中国民航出版社 2019 年版，第 13 页。

调航空运输在现代化交通事业中的意义。

北洋政府创办航空事业。20 世纪初，从 1912 年袁世凯当选中华民国临时大总统开始，到 1928 年张学良宣布东北易帜，中华民国北京政府统治的这个时期尽管局势动荡，但引进和发展航空的步伐没有停顿。1913 年，袁世凯继续以北京南苑技术力量和设施设备发展航空事业，设立南苑航空学校，培养航空人才，共培养 157 名学员。通过贷款或借款，从法、英等国采购飞机，充实政府航空力量，如 1913 年从法国高德隆飞机制造公司订购 12 架高德隆型飞机。从 1913 年到 1919 年，北京政府有关航空教育、培训、飞机派遣、参战等行政事务，都由参谋本部主持。1919 年 1 月，北洋政府交通部呈文徐世昌大总统，建议成立航空事宜筹备处，一面筹办航空事宜，制定航线规划，一面拟订航空法规，为即将发展的民用航空做相应准备。2 月，交通部代表与英国亨德利·佩治公司驻中国代表签订合同，购买亨德利·佩治商用飞机 6 架、阿弗罗-504K 教练机 6 架，这是中国首次定购民用客机。3 月，交通部成立航空事宜筹备处，这是中国第一个管理民航的政府机构，标志着中国民航的诞生。

1919 年 11 月，隶属于北洋政府国务院但实权控制归陆军部的航空事务处成立。该事务处与英国维克斯公司签订合同，购买了 100 架大小型飞机，包括 40 架由双发（动机）维梅型轰炸机改装的客机和 60 架单发（动机）的阿弗罗-504K 教练机。这是中国政府首次向国外借贷大宗款项购买大批飞机。

1920 年初，航空事宜筹备处拟定全国五大航空线计划①，五大航空线均计划设立航站、预备站和保安站，并有相应人员及设施保障。这一航线计划，除京沪线的北京—天津航段和北京—济

① 五大航空线是北京—广州的京粤线、北京—上海的京沪线、北京—成都的京蜀线、北京—哈尔滨的京哈线、北京—库伦的京库线。

南航段先后投入运营外，其他航线均未开通。4 月，英国飞行员驾驶亨德利·佩治型旅客机试航京沪线的北京—天津航段成功；5 月，载着乘客和试投邮件的飞机往返京津两地，成为中国民航飞机的首次飞行。由于这一航线时飞时停，不能维持正常航班运行，断断续续一年多即停航。

由于隶属于交通部的航空事宜筹备处和隶属于国务院的航空事务处存在争执和权责重叠情况，1920 年 8 月，北洋政府决定以航空事务处取代航空事宜筹备处，扩编为航空署，隶属军政部。根据当时的政治形势和技术条件，拟先开通京沪线。为筹办京沪线相关事宜，航空署先后设立京沪航线筹备委员会和京沪航空线管理局筹备处，并公布《京沪航空线京济运输暂行规则》《京济间载客暂行章程》《飞机乘客应守规则》《招商代收及接送客货暂行办法》等规章制度。4 月，航空署与邮政局订立空运邮件合同。7 月，京沪线北京—济南航段正式开航，首班飞行携带了 4 袋邮件和 4 件包裹，出于经费困难等原因，该航线开航 10 天后即停航。在进行客运及邮件运输的同时，航空署还在 1921 年至 1924 年每年夏季开办北京至北戴河特别航班，为到北戴河避暑的政府官员和外国使馆人员提供服务。此外，邮局也配合办理航空邮政服务。

北洋政府时期，中国陷入军阀混战局面，政府内部存在争夺控制航空业的斗争。各地军阀在各自势力范围内，随意对敌对势力或第三方飞机实施封锁或放行，严重阻碍了全国范围内正常定期航运系统的建立。尽管航空署名义上是全国航空行政的领导机构，但其实际掌控能力极为有限。同时，由于航空运营费用高昂，就当时中国的经济状况，大规模发展民航事业并不切合实际。

国共合作时期，国共两党共同创办军事飞机学校。中国共产党在开始建立工农武装的时候，就注意到培养航空人才和发展航空事业。早在第一次国共合作的 1924 年，在中国共产党和苏联的帮助下，孙中山分别创办了黄埔军官学校和军事飞机学校。这两所学校是国共两党合作的产物，聘请苏联顾问依照苏联红军的建军原则和建军制度训练革命武装。

军事飞机学校于 1924 年 9 月开学，前后一共招收两期飞行学员。第一期学员 11 人，有 8 人是从黄埔军校第一期毕业生中选送，其中中共党员 3 人。军事飞机学校草创时期规模很小，教学设备和设施甚为简陋，只有美制寇蒂斯型飞机 2 架，但学员学习非常努力，加上教官的悉心教导，还参加了东征陈炯明的空战实践。1925 年 7 月，学员完成了初级飞行训练放了单飞。第一期学员完成初级飞行训练后，有 6 人于同年 8 月赴苏联接受高级飞行训练，其中 4 人是中共党员，他们是刘云、王勋、王翱、冯洵，是最早学习飞行的中国共产党人。

1925 年 7 月，军事飞机学校继续招收第二期学员，分飞行和侦察两个班学习，计有 42 人，其中中共党员 5 人。1926 年 6 月，从第二期学员中选出 10 人赴苏联受训，5 名中共党员都在其列，他们是常乾坤、徐介藩、李乾元、金震一（朝鲜籍，到苏联后改学其他专业）、黎鸿峰（越南籍）。1926 年 7 月，国民革命军誓师北伐，第二期学员大部分随军东征，只留 7 名在校继续学习，于同年 12 月毕业。

1927 年 2 月，国民政府又派出包括该校教官、学员在内的 21 人，赴苏联深造学习军事航空。他们抵达莫斯科的第二天，蒋介石就发动了反革命政变。这批人员考虑再三决定留下来学习，6 个月后结束了学业。他们回国时除个别人以外，都经过许多波折才准进入国门。

国共合作时期建立的军事飞机学校，历时虽只有三年，但其作用至为深远，培养了一批优秀人才。国民党空军的主要将领大多出自这个学校；后来在该校基础上建立的广东航空学校，培养了国民党广东空军、南京空军的主要骨干力量。第二期学员中的中共党员常乾坤成为中国人民解放军空军的创始人之一，徐介藩1948年回国后曾任中国人民解放军装甲兵工程学院副院长等职。李乾元、黎鸿峰回国后被国民党政府杀害。

二、民航工人的构成与特点

民航发展初期，民航工人数量较少，尚不足百人，尤其是在民航发展中起关键作用的飞行员和机械员人数更少。例如，1919年2月，北洋政府交通部与美国公司签订合同后，聘请英国飞行员和机械工程师2名①；1929年中国航空公司刚成立时，仅有飞行员7名、机械员5名②。相比而言，其他产业工人队伍数量庞大。在交通运输领域，1919年前后，轮船航运业海员为15万人，铁路工人为16.5万人，电车、汽车工人为3万人，邮电工人为4万人③。

民航工人的构成与民航业的较高技术要求密切相关，他们需精通飞行操控、机械维修、通信联络、气象研判等专业技能。正因如此，民航工人的构成具有三个特点。

从国籍来看，由于外国航空事业的先行发展和技术的进步，外国飞行员和机械员均展现出较高的专业技能，构成早期中国民航发展的主要力量④。

从学历来看，高中及以上学历学生是民航关键技术岗位的重

① 李军、林明华：《中国民用航空史》，中国民航出版社2019年版，第19页。
② 王乃天编：《近代中国民航史稿》，《当代中国民航事业》编辑部1987年版，第67页。
③ 刘明逵、唐玉良主编：《中国工人运动史（第一卷）》，广东人民出版社1998年版，第73页。
④ 从1929年中国航空公司成立到1949年，美籍飞行员占80%，掌握着公司的技术大权；从1931年欧亚航空公司成立到1940年，德方技术力量一直在公司中处于关键位置。

要来源，大多毕业于工业学校、机械学校、航空学校等专业学校，其中也不乏早稻田大学、莫斯科中山大学、莫斯科东方大学、列宁学院等国外知名学府。这种学历构成，体现了民航对于工人尤其是飞行员和机械员的较高学历要求，凸显了民航工人队伍的高素质特点。相较而言，近代中国工人阶级的主体为非技术工人，普遍文化水平较低，多以体力劳动为生①。较高的文化素质使得民航工人的工资较高于其他产业工人，特别是作为民航关键技术人员的飞行员和机械员。

从专业技能来看，民航对从业人员的技能要求尤为严格。飞行、飞机设计与制造、机械维修、工程设计、技术检验、基地维护、通信、气象等关键岗位，均对民航工人的技术技能提出较高要求。这些核心岗位的工人多来自专门培养技术技能人才的工业类、机械类和航空类院校。民航的其他各类工种，如木工、金工、焊工、仪表工、油漆工、车工、钳工、热处理工、磁力探伤工、翻砂工、电镀工、螺旋桨修理工等，也均要求从业人员具备相应的专业知识和技能。而中国近代产业工人主要来源于破产农民，除了依靠体力劳动外，普遍缺乏专业技能，这与民航从业人员存在显著区别②。

此外，受恶劣气候、战争冲突、技术设备落后、制度不完善以及人为操作失当等多重因素影响，早期民航工人特别是飞行员、乘务员等机组人员的劳动风险较大。这种风险突出表现为飞机事故频发、机组人员安全遭受严重威胁。也正是如此，民航工人的意志力得到了磨炼。这成为后来民航工人开展维护自身权益斗争、飞跃“驼峰”航线、参与“两航”起义等行动的重要支撑。

---

① 李玉赋主编：《新编中国工人运动史》上卷，中国工人出版社 2020 年版，第 23 页。

② 李玉赋主编：《新编中国工人运动史》上卷，中国工人出版社 2020 年版，第 17 页。

总体而言，在新民主主义革命时期，随着民航业的发展，民航工人数量逐步增加。然而，受制于产业自身特性及战争影响，民航工人整体规模相对较小①。尽管如此，这些民航工人在交通运输中，特别是在战争时期，发挥了举足轻重的作用。

① 即便在民航发展的高峰期即 20 世纪 40 年代，全国范围内的民航工人也未能突破 1 万人。例如，中国航空公司工人在 1948 年末为 4808 人，1949 年 4 月为 4406 人，7 月底为 3794 人。欧亚航空公司（中央航空公司）工人更少，1940 年为 777 人，1946 年为 1731 人。此外，1948 年成立的陈纳德空运队人数约为 650 人。参见王乃天编：《近代中国民航史稿》，《当代中国民航事业》编辑部 1987 年版，第 67—69、95、105、156、198、200、237 页；李军、林明华：《中国民用航空史》，中国民航出版社 2019 年版，第 30 页。

第二章

土地革命战争时期的民航工人运动

大革命失败后，中国共产党逐步由城市转入农村，经过曲折探索走出一条适合中国特点的革命发展道路，即农村包围城市、武装夺取政权。在这条革命道路的探索中，工人运动在中国共产党的领导下不断发展壮大。这一时期，中国共产党准备航空力量，航空界参加邮政工人抵制中美航空邮务合同的斗争。

一、中国共产党准备航空力量

这一时期，中国共产党在苏联的支持下继续培养航空人才。与此同时，红军对缴获的飞机非常珍视，进行了初步的试验与运用。

依靠苏联培训航空人才。大革命失败后，中国共产党在国内培养航空人才已不具备条件。鉴于此，为培养和储备航空领域专业人才，中共中央于1927年9月从莫斯科中山大学选拔王弼、岳少文、蒋余才、罗国器、饶钧等12名同志，赴苏联空军飞行航校和地勤学校学习深造。1935年9月，中共中央再次从莫斯科东方大学和列宁学院选拔王琏（朝鲜籍）、刘风、王春、李凡、刘武、孙毅卿、辛尼亭7名同志进入苏联契卡洛夫空军第三航空学校接受飞行训练。经过系统学习和训练，部分同志后来成为中国共产党早期的航空人才。

红军缴获两架飞机。1930 年 3 月 16 日，国民党空军一架双座双翼可塞型侦察机由汉口飞往开封执行通讯任务，返航途中遭遇大雾导致迷航，加之油料耗尽迫降，被鄂豫皖边根据地赤卫队和红军缴获。该飞机驾驶员龙文光是国共合作时军事飞机学校的第二期学员，曾赴苏联深造。事后，鄂豫皖边红一军领导人徐向前等人接见龙文光，经教育争取，龙文光最终选择加入红军，并在鄂豫皖边红一军司令部担任参谋。他和红军战士克服重重困难，成功修复此架飞机。为确保其外观符合红军形象，机身被涂上一层庄重的银灰色油漆，同时在机翼下方两侧，均绘制了醒目的红色五角星，以彰显红军的荣誉与信仰。1931 年 2 月 10 日，鄂豫皖苏维埃政府举行命名仪式，将这架飞机正式命名为“列宁”号。中国工农红军首次拥有属于自己的飞机。

此时，红军已拥有飞机和驾驶员。红一军军委会遂决定成立鄂豫皖苏维埃政府航空局，并委任龙文光担任局长一职。为确保飞机及航空局的安全运行，军委会调拨一个警卫连负责安保工作。同时，为保障航空局的正常运作，修建一座占地超过百亩的简易机场，并在其他几个关键区域也相应建设简易机场。1931 年 11 月 7 日，红四方面军在鄂东北七里坪正式组建，并在半个月时间里英勇南下，成功攻克黄安城。在此战中，“列宁”号飞机参与战斗，两次执行侦察与轰炸任务，精准投掷两颗迫击炮弹，成功命中敌人指挥所，为红军夺取黄安战役的胜利发挥了重要作用。1932 年 10 月，红四方面军主力部队决定向西进行战略转移。“列宁”号飞机随军历经多次辗转，终因环境条件的日益严峻不得不被拆卸，分散埋藏在大别山深处的隐蔽山沟中。同年，龙文光返回武汉后，不幸被国民党逮捕杀害。

在 1932 年 4 月的漳州战役中，红一军团第 11 师成功击落、击伤国民党飞机各一架。军团长林彪要求妥善保护缴获的飞机，与政委聂荣臻等一行亲赴漳州机场察看飞机，并在飞机前合影留念。11 师政委刘亚楼也在飞机前留下珍贵影像，自此与飞机结下不解之缘。新中国成立后，刘亚楼被任命为中国人民解放军空军首任司令员。

★ 中国工农红军第一架飞机“列宁”号。

被击伤的是一架通信教练机，经过修复后仍可继续使用。1932 年庆祝“五一”国际劳动节之际，该机在漳州上空进行飞行表演，广泛散发传单，极大地扩大了红军的影响力。为迎接该架飞机，中共中央在江西瑞金叶坪乡修建了一个临时机场。飞机抵达瑞金后，还举办了公开的展览活动。然而，由于战局紧张，器材和油料供应无法满足，导致飞机无法继续使用。红军长征开始后，这架飞机也被拆解并埋藏于地下。

二、航空界参加抵制中美航空邮务合同斗争

从 1920 年代开始，航空被西方列强当作在世界市场进一步为本国工业发展寻求途径的最新手段。恰好此时南京政府试办民航成效甚微，既缺资本又缺技术，这就使得中国与国际合作发展民

用航空成为可能。1928 年前后，中国才得以形成一个名副其实的航空体系基础，在此后 20 多年的时间里中外合作兴办航空公司成为中国民航发展的主线。在此期间，为维护国家权益，邮政界、航空界开展了抵制中美航空邮务合同的斗争。

（一）中国航空公司和欧亚航空公司的成立与发展

中国航空公司初创于 1929 年 5 月 1 日，由中美合营，原名为中华民国政府特设中国航空公司，史称“前中国航空公司”；1930 年，中国航空公司进行改组，由国民政府交通部与美国飞运公司订约合营，成立的新公司仍然沿用中国航空公司（简称中航）的名称；1933 年 4 月，美国飞运公司将股权转让给美国泛美航空公司。中国航空公司经过艰难曲折的拓展，逐步成长壮大，1948 年走到了它发展的顶峰。至 1948 年末，公司共有员工 4808 名，运输飞机 60 架，开辟国内外航线 27 条，连接 38 个城市，航线里程达 45868 公里，年运输旅客 404916 人次、货物 33326 吨、邮件 2041 吨。中国航空公司是国民党统治时期与外资合办的最重要的航空公司，在发展航空运输及战时军事物资运输中发挥了重要作用。当时不仅在远东，而且在世界范围内，它都是规模比较大的航空公司，其运输总周转量最高时在国际航空运输协会各成员航空公司中排名第 8 位，在国际民航组织和国际民航运输协会中也有较大影响。在中美合作过程中，美方实行技术封锁，完全不执行合同中关于培养中方航空技术专业人员的协议，致使中方通过合作形成发展航空自身力量的愿望落空。

欧亚航空公司原名欧亚航空邮运股份有限公司，正式成立于 1931 年 2 月，由国民政府交通部与德国汉莎航空股份有限公司合办。初创时期经营惨淡，抗战全面爆发后，1938 年至 1941 年的 4 年间，欧亚航空公司承担军事特种运输，客货运量大增，扭亏为盈。1941 年 7 月，法西斯德国承认了汪精卫 1940 年 3 月在南京成立的伪国民政府，国民政府被迫宣布中止中德《欧亚航空邮运合同》，由交通部接管了欧亚航空的德方股份，公司对外名称不变，同年9月，德方人员全部撤离。1943年3月，由国民政府交通部会同航空委员会，将欧亚航空改组为中央航空运输股份有限公司（简称央航），直属交通部，这是当时中国唯一的完全国营性质的民航企业。到1948年，央航拥有飞机42架，经营18条航线，通航国内外27个城市；完成旅客运输量236238人次，货物运输量17390吨，邮件运输量1237吨。

（二）其他航空公司的成立

需要提及的是，1930年代末期，除以上两家航空公司，地方组建了西南航空公司，经营3年多后于1937年7月停办；1939年9月，国民政府与苏联合办中苏航空公司，成立8年间只运送旅客2万多人次；国民政府还批准成立了陈纳德空运队。此外，在这一时期，代表民族资产阶级和大众性的航空组织对发展民用航空也做了不少努力和探索，尽管大都以失败而告终，但是对中国民航事业的促进作用不可低估。

（三）航空界参加抵制中美航空邮务合同斗争

1929年4月17日，国民政府铁道部部长孙科与寇蒂斯·莱特公司的子公司美国航空开拓公司代表罗伯逊签订《中美航空运输及航空邮务合同》《创办及经营飞行学校、工厂、航空运输公司的合同》等。根据合同规定，美国航空开拓公司获准在中国境内开展以下业务：计划发展全国商务邮务航空业务；负责投资运营全国商务客货运输及邮务运输航空服务；开展与商务、邮务航空相关的其他经营活动。邮运在当时的民航运输中占据着举足轻重的地位，营业总收入占比约60%，远高于客运和货运总收入[①]，因此，在这些合同中，尤为关键的是《中美航空运输及航空邮务合同》。邮务合同的签订牵涉到邮政行业及邮政工人的切身利益。

依据《中美航空运输及航空邮务合同》条款，美国航空开拓公司以中航名义设立并运营三条航空邮务航线，同时获得相应的专利权。合同中明确规定美方需自行提供飞机及飞行人员，负责航线的正常运营；中方则按照飞机实际载运能力提供相应津贴，并承诺确保每日至少3000英里的飞行里程。

这份合同存在诸多不平等条款[②]，过度偏向美方权益，被认为是自中华民国成立以来，在无外部威胁背景下，与列强签订的最大不平等协议。特别是由外国主导的中美合营的中国航空公司擅自承揽邮件运输，不受任何空中交通管制畅行中国领空的行径，严重损害了我国的国家利益以及民航与邮政产业的权益。

报纸刊登出这些消息后，舆论界大哗，尤其是邮政工人和航空界反对最为激烈。中华航空协进会会长张静愚代表行业立场，郑重向行政院提出强烈要求，呼吁取消中国航空公司，并废除与

① 王乃天编：《近代中国民航史稿》，《当代中国民航事业》编辑部1987年版，第51页。

② 不平等规定主要体现在三个方面：首先，合同中明确规定“其他公司或个人概不得在本合同规定各线内经营与公司直接竞争之航空邮务路线”。此条款过于偏向美方利益，侵害了我国主权。其次，中美双方的合作经营在责任划分上存在明显不公。合同规定，中方需承担沿线各机场建设的繁重任务，费用高昂；而美方仅需提供飞行设备、机棚、工厂办公室等部分设施，成本较低，易于实施。在责任承担已经不均的情况下，合同还规定“六个月期限已满，而订立合同人有一方面不能履行装备完竣之条件时，须于每日赔偿第二方面损失费2500美元”。最后，在酬金计算方面，合同规定：美方飞机载重800磅以内的，每英里应得酬金1.5美元；载重800磅至2000磅的，每英里2.25美元；载重2000磅至4000磅的，每英里4.4美元；载重超过4000磅的，按比例计算；且每日至少飞行3000英里，即使未飞行也按此标准计酬。合同还明确指出“公司财产营业及本合同规定酬金，均免予征税”，这一规定进一步加剧了中美双方利益的不均衡。

美方签订的相关合同。为表达对此事的严正立场，航空协进会特地印发专刊，公开抨击该合同的不合理之处。同时，航空界各地代表也在南京集结，举行集会，共同表达对此事的抗议和不满。

1929 年 12 月，交通部沪蓉航空线管理处主任聂开一连续两次致信交通部部长王伯群，明确建议“将中美航空邮运合同立予取销，以挽空权”，强烈反对飞运公司与中国签订的不平等条约。聂开一和王伯群联合航空界、邮政界和民间航空团体，针对《中美航空运输及航空邮务合同》这一阻碍我国航空业发展的不平等条款，进行了坚决斗争。王伯群公开向新闻界发表声明，明确指出该航邮合同的不合理性，并揭示了交通部因中航航班运营每月蒙受 1 万美元经济损失的情况。

此事经新闻界广泛传播后，特别引发了上海市及各大城市邮政工人的强烈不满，舆论坚决抗议外国航空公司垄断邮件运输业务及无视空中交通管制等严重侵犯中国领空主权的行径。由于邮务合同直接关系到邮政行业的利益及工人权益，1930 年元旦，上海邮政工会举行示威大罢工，各地邮政工人积极响应。此事一经报纸报道，舆论界反响强烈，邮政工人和航空界对此的反对声浪尤为高涨。

王伯群利用舆论力量，将矛头指向签订合同的孙科。上海邮政工会组织的示威大罢工，对孙科形成了巨大压力，迫使其辞去中航理事长职务。为维护国家主权和利益，1930 年 3 月，中方正式提出修改《中美航空运输及航空邮务合同》的诉求。7 月 18 日，国民政府行政院正式批准交通部与飞运公司签订的《中美航空运输合同》。邮政工人和航空界的维权与声讨行动所展现出的坚定决心与鲜明立场，最终促使该不平等合同得以废除，维护了国家利益和尊严。

第三章
全民族抗战时期的民航工人运动

1937 年抗日战争全面爆发后，中国共产党主张实行全民族抗战，独立自主地发动和组织工人群众，开展抗日救亡运动。中国共产党继续通过开办、组建训练班和学校及成立航空研究小组等途径培养航空人才。民航工人积极投身抗日战争，在抗战中斗争成长。

一、中国共产党培养和储备航空人才

1937 年 1 月，中共中央移驻延安，形成以延安为大本营的全国革命根据地中心。全民族抗战时期，中国共产党高举全国抗日民族统一战线旗帜，在新疆和国统区培养航空人才，同时在陕北革命根据地组建航空工程学校、成立航空研究小组，继续培养和储备航空人才。

（一）向新疆航空队选派学员

西安事变后，蒋介石被迫同意抗日，形成以国共两党为主体的全国抗日民族统一战线。当时新疆军阀盛世才刚刚夺取新疆统治权，为巩固其统治地位和取得苏联援助，采取联苏联共政策，中国共产党与其建立了统一战线的合作关系。1937 年夏，中国共产党驻新疆代表陈云同盛世才进一步达成协议，用盛世才的名义，以苏联教官和装备在新疆航空队为共产党培养航空技术人才。1938 年初，中共中央从红四方面军进疆人员中选调 25 名红军干部，从中国人民抗日红军大学、延安摩托学校选调 19 名红军干部，参加新疆航空队飞行班（25 人）和机械班（19 人）。机械班学员经过两年刻苦学习，都取得了较好的成绩，于 1939 年 11 月顺利毕业。除一名学员由于身体原因返回延安外，其余 18 名毕业学员均被分配到新疆航空队担任机械员。飞行班学员经过四年系统学习，每人完成了近 300 个小时的飞行训练，熟练掌握了苏伊制-15 型、伊-16 型战斗机以及爱尔-5 型微型轰炸机的驾驶技能，顺利完成学业。由于形势变化，直至 1946 年 7 月 11 日，其中的 32 名①新疆航空队学员才得以回到延安。12 日，毛泽东主席在延安党校接见这批学员。同年 8 月，朱德总司令宣布组建八路军总部航空队。后来，大部分航空队成员转至东北航校，或参加飞行，或担任领导工作，成为建设新中国人民空军和发展民航事业的中坚力量。其中，黎明曾任民航总局副局长，方槐、胡子昆、张毅、严振刚等都曾担任民航政府机关、企业和院校的领导工作。

（二）开办新疆航空训练班

抗战全面爆发后，曾在苏联空军军事工程学院学习深造的常乾坤、王弼、刘风等十余位同志，怀揣爱国热情，主动申请回国，投身抗战和航空事业建设。1939 年 5 月，他们相继抵达新疆。中共驻新疆代表处积极组织并整合第二批进入新疆航空队学习的青年干部，举办了航空训练班。训练班由常乾坤、王弼等具备丰富理论与实践经验的同志担任航空理论课程教员。在此期间，常乾

① 这 32 名学员分别是吕黎平、安志敏、方子翼、袁彬、胡子昆、陈熙、刘忠慧、张毅、杨一德、方槐、方华、夏伯勋、黎明、赵群、李奎、黄明煌、严振刚、朱火华、周立范、金生、王东汉、曹麒辉、丁园、王云清、黄思深、陈旭、云甫、周绍光、刘子立、陈御风、吴峰、刘子宁。

★ 在新疆航空队学习的学员回到延安。

坤精心编译了《飞行原理》《空中领航学》《空中射击学》等教材，王弼编译了《航空发动机原理》等教材。这些教材在抗战胜利后的东北航校仍被广泛使用，成为新中国成立后空军各航校的主要教学参考资料，为空军建设与发展奠定了坚实的基础。

（三）组建航空工程学校

1940 年 4 月，王弼、常乾坤致信中共中央，建议在陕甘宁边区创办航空学校。中共中央从夺取抗战胜利的战略出发，决定组建延安航空工程学校，为空军建设夯实人才基础。12 月，王弼、常乾坤等人遵照中央指示，抵达延安。党中央和军委领导在延安杨家岭接见他们，商谈学校筹建、苏联教官聘请、飞机和技术设备支援等事宜。1941 年 1 月，中共中央批准成立军委航空工程学校，对外称第 18 集团军机械工程学校，毛泽东主席亲自签署命令，王弼任校长，丁秋生任政治委员，常乾坤任教育长。学校开始准备设在延安王家坪八路军总部，先筹组机构，选择校址，编制教学方案和教学大纲，并着手勘察机场。3 月，航校正式成立，校址选定于延安安塞，主要训练飞行员和机械师。航校选调了一批文化程度较高、具备航空专业知识的干部组成高级班，并兼文化教员。一般学员由敌后各部队挑选年纪轻、身体好、文化基础扎实的排连级干部组成。此外，一些曾经在新疆学习先期返回延安的红四方面军干部也参加了学习和工作。学员总人数约达百人。6 月，苏德战争爆发，新疆局势逆转，堵塞了通往苏联的交通要道，学校不得已于 9 月撤离安塞。10 月，因贯彻精兵简政精神，学校改为工程队，隶属抗日军政大学第三分校。12 月，抗大三分校撤销，原班人马并入延安军事学院，后又转入其他学校。

★ 中央军委航空工程学校旧址。

（四）成立航空研究小组

1944 年 5 月，中共中央军委决定在第 18 集团军总参谋部下成立航空研究小组，正式名称为中央军委作战部空军组。王弼任组长，常乾坤任副组长，军委总参一局局长伍修权兼支部书记。该组会集 30 多名航空人才，是中国共产党最早成立的统管航空事务的组织。该组于 1945 年 10 月撤销，在一年多时间里，主要做了三个方面的工作：一是扩建延安机场，建立机场管理机构。延安机场于 1936 年 1 月由国民党东北军张学良、17 路军杨虎城部所建，西安事变后与延安城一道由红军接管。该机场为土质跑道，是中国共产党使用和管理的第一个机场，1938 年进行过一次整修。抗日战争后期，国内形势和国际战局发生重大变化，革命根据地与外部联系有所增加，机场年久失修，已不适用于飞机正常起降。1944 年春，中共中央决定扩建延安机场，成立了机场修建工程处，王弼兼任处长。在此期间，毛泽东主席、朱德总司令等中央领导以及延安党政军干部和陕甘宁边区工农群众都参加了修建机场的劳动。1944 年底，建成一条长 2000 米、宽 60 米的沙石跑道，并配套建设了一些机场附属设施。与此同时，为了有效维护、管理和保卫机场，还设立了机场管理机构——机场勤务股，隶属延安卫戍司令部，业务上接受航空研究小组领导。延安机场修好后，方便了延安与外界的航空联系。毛泽东主席赴重庆谈判的飞机，正是在延安机场顺利起飞的。二是负责苏联红军飞机在沈阳至延安航线上的飞机勤务保障工作，承担美国军调处人员专机飞行保障任务。三是汇聚航空干部，组织人员接收华北和东北日军的航空器材和设施。航空研究小组机构被撤销后，该小组人员奉中央军委命令，开始筹建中国人民解放军第一所航空学校。

（五）利用国统区条件培养航空人才

抗日战争爆发后，中共地下党在国民党统治区安排一批年轻共产党员报考国民党空军学校，利用这方面的资源为未来的人民空军培养人才。同时，在国民党空军航空学校、机械学校和航空工厂等重要机构中发展中共地下组织，通过地下党工作，在国民党空军中团结一部分青年航空技术人才和学员以及部分国民党空军中的高级知识分子。在国民党政权败退台湾之际，其空军中许多专家和技术人员拒绝去台，这一选择与抗日战争时期我党在国民党空军中开展的地下工作是分不开的。

二、民航工人在抗战中斗争成长

1937 年 7 月 7 日，日本侵略者制造七七事变，发动了全面侵华战争。民航工人开展了在美方欲求中立状况下的斗争，保障从武汉撤退，竭力维持西南国际通道，飞越“驼峰”航线架设空中战争生命线，在抗战中斗争成长。

（一）中方在美方欲求中立状况下的斗争

沪战发生后，美国政府连续发表声明，一再表示中立，继而将美国驻华军队撤离中国。中航被迫停航上海—广州线和上海—汉口线。8 月 23 日，中航迁到汉口，准备恢复几条航线，飞机已不敷调派，只好向美方交涉，要求将 DC-2 型机（第 26 号）从香港调回担任飞行任务。9 月 23 日，在该机离港之前，港英法院以中航欠美国德士古石油公司的油款为由，将飞机扣押。这一事件是由美方策动的，实质在于阻挠飞机离港，以表中立立场。

沪战发生时，中航机航组的美籍空地勤人员全部撤走，副主任聂开一也离职他去，机航组基地群龙无首。在此危急关头，机航组主任办公室的王承铭、顾戛鸣挺身而出，组织部分职工将材料库绝大部分物资及车间较轻的器材设备等，在短短几天内抢运到租界霞飞路（今淮海路）临时租赁的房屋内，待与铁路洽妥后，装在沪宁客车后的货运车厢运到南京，愿意内迁的职工也乘此客车到南京。然后包租一艘轮船将人员、物资器材、设备等全部运到汉口。与此同时，另租大木船一艘，装运全部可用的待修的发动机和一些地面笨重器材、设备等，由袁永璋押运，由内河水路西行，转入长江，直抵汉口。敌机时常在上海龙华机场及其附近上空侦察扫射，这些抢运工作都是在冒着生命危险中进行的。另外，当时停在闵行江边隐蔽处的 2 架道格拉斯水上飞机只飞走一架，先到南京，再飞汉口。待飞行员再回去飞另一架时，飞机已被敌机发现并炸毁。

在美国中立外交政策下，经泛美航空公司同意，中航美籍副董事长邦德，查尔斯·夏普、伍兹等美籍飞行员，辞去泛美航空公司的职务，成为中国政府的雇员。泛美航空公司同意这样做，实际上是为了粉饰美国中立的障眼法。邦德等这批美国人变成中国雇员的先决条件是增加工资，由过去每月 300—400 美元增加到 1000 美元以上。中国政府正急需空运，只好同意。这批美国人才陆续回来工作，逐步扩大香港基地，将运到汉口的器材设备分运至重庆和香港。1937 年 12 月 16 日，中航开通重庆—香港航线。由于汉口为中国空军基地，不断遭日军空袭，中航总公司于 1938 年 1 月 3 日由汉口搬至重庆。

中航通航香港后，美方飞行员唯恐触犯中立，强调一旦遭遇敌机，应即改航回避，以表示“无意侦察对方的军事禁地”。即便如此，也没能得到日军谅解。1938 年 8 月 21 日，机长伍兹驾驶 DC-2 型“桂林”号飞机，从香港启德机场飞往重庆。飞到澳门以北时，5 架日本中岛型驱逐机突然向“桂林”号袭击，伍兹驾机急剧俯冲，迫降在中山县珠江支流，又遭日机俯冲扫射，机组成员和旅客 17 人中仅 3 人幸免于难，伍兹临危逃命。当时“桂林”号并未立即下沉，报务员罗昭明与一名旅客遂泅水去找船救援，轻伤的副驾驶刘崇伦、侍应生武庆华留在机内照料受伤和不会游泳的旅客。船来时飞机已沉没，机组成员 2 人和旅客 12 人死亡。在生死关头，中国籍机组员工忠守职业道德，而美籍机长伍兹置旅客生死于不顾，受到当时舆论的谴责。

（二）保障从武汉撤退

1938 年 10 月，武汉形势紧张，国民党军政要员争先恐后地向大后方撤退。10 月 21 日，为了撤退需要，成都机场安装了探照灯和灯笼做夜航准备。中航办理了撤退飞机 15 架次，每班客机都严重超载，共撤退 296 人。

当时中航有夜航飞行技术的驾驶员只有查尔斯·夏普和罗亚尔·伦纳德两人。10 月 20 日下午 5 时，两人从重庆起飞，天黑后在汉口降落，再于晚 9 时载旅客飞往成都。10 月 23 日中午，伦纳德才回到重庆。一天 24 小时中，他飞了近 16 小时。10 月 24 日晚，夏普回到汉口时，发现蒋介石一行还在机场。政府驾驶员埃里克·贾斯特原拟送蒋介石去衡阳，但由于对衡阳机场不熟悉，拒绝夜航。为交通部飞 DC-2 型飞机的艾利逊代替了贾斯特，但因飞机电气系统失灵被迫返航汉口。在艾利逊的请求下，夏普驾机将蒋介石一行顺利送往衡阳。10 月 25 日傍晚，日军进汉口，陈文宽冒着危险驾驶一架“康曼道”型飞机运送 11 名中航公司人员安全降落在重庆珊瑚坝机场，这是他第一次飞夜航。

（三）竭力维持西南国际通道

1938 年 10 月，武汉失守，广州沦陷。从香港运往内地的物资，首先大部分要从法属海防经越南河内到老开的铁路，穿过山区运到昆明，约 500 英里。其次是靠 1938 年 12 月建成的滇缅公路作补给线，约 715 英里。再次是经过西北运往内地，路程遥远，更不经济。从香港至重庆约 1500 英里，飞行只需几个小时，在抗战物资运输中效率最高。然而，飞往香港的航班是危险的，从香港起降都必须在夜间天气不好的情况下进行，而且航线无航路指示标和城市灯火，无线电通讯受到限制，几乎没有天气预报，还有可能遇上日军飞机。这在商业航空史上是绝无仅有的。

1939 年 3 月 15 日，中航开辟昆明—河内航线。该航线特别重要，中航可以在河内获得汽油。1940 年 9 月，日军占领越南，该航线停航。与此同时，日本要求英国停止从香港和缅甸向中国大陆输送物资，英国虽未同意切断香港至中国大陆的交通，但同意自 7 月起关闭滇缅公路 3 个月，9 月起停航重庆—仰光航线。这样，对外出口仅剩香港一线，造成香港—南雄航线运输的畸形繁荣。1940 年 10 月至 1941 年 3 月，该航线运钞专机执飞 383 架次，每次运钞 600 万元（旧币，下同），每架飞机每月平均飞行 125 小时。1941 年 3 月至 8 月，该航线飞机共运载货物 1500 吨，收入 230 万元。进口货物大部分是军火，出口货物主要是钨、锡等战略物资。政府从该航线的货运航班中获得 45 万美元的外汇。

从在美方欲求中立状况下的斗争、保障从武汉撤退到竭力维持西南国际通道，以至 1938 年至 1940 年中航取得业务兴隆，在战火纷飞的情况下，中航员工始终保持昂扬斗志，推动中航在抗战中斗争成长。

欧亚航空也在日军侵略的战火中奋力抗争。八一三事变后，总公司于 1937 年 8 月 23 日迁往西安，后因武汉战事紧张，西安不断遭敌机空袭，于 10 月 8 日又迁到昆明。欧亚航空在辗转中调整航线，在动荡中谋求生存，且时常有遭到日军飞机攻击的危险。欧亚航空的飞机从抗战至 1940 年，有 2 架被敌机炸毁，1 架被敌机追击失事，不能修复。尚余 10 架，其中虽也有遭敌空袭的，经过修理，还能继续使用。1941 年初，欧亚航空经孔祥熙手租赁到康道尔机 3 架，办理香港、南雄的货运。欧亚航空的员工在与敌抗争中表现出了英勇顽强的无畏精神。为防止敌机袭击，有一次夜间，华籍驾驶员林擎岱从香港飞桂林，桂林机场无夜航设备，临时点燃几堆柴火作引导目标，同时机上无副驾驶和报务员，临时把只会发报的杭效祖拉上飞机充当报务员。在这种困难条件下，林擎岱完成了夜航任务。

（四）飞越“驼峰”航线

1941 年底，太平洋战争爆发后，日本侵略者为了迫使重庆国民政府投降，对香港和仰光实行轰炸，接着又切断了当时中国唯一的陆上国际交通线——滇缅公路，使大量的援华物资无法运进中国。而日军飞机对香港启德机场的轰炸，使中航和欧亚航空设在该机场的航务和机务基地被毁，中航大部分飞机损坏，欧亚航空飞机和设备损坏更为严重。中国战时“大后方”的航空运输濒临绝境。面对如此严峻的局势，为保证“二战”亚洲战场上对日作战的军备物资，中美两国决定联合开辟新的国际运输线，史称“驼峰”航线。

太平洋战争爆发，中国战场受到美、英政府的重视。1942 年 3 月，美国国会正式通过罗斯福总统提出的《租借法》。在国民政府支持下，中航依据《租借法》与美国驻中印缅陆军后勤部达成合作协议，由美方借拨飞机、器材和油料等关键物资，会同美国空军第 10 航空队（后改为美军空运总队印中联队），担负从印度阿萨姆邦汀江至昆明的重要军事物资空运任务。

这条航线航路上高山峻岭绵亘起伏，山峰高度一般为 4000 米至 6000 米，很像骆驼背上的肉峰，飞这条航线被称为飞越“驼峰”。“驼峰”航线分为南线和北线，南线最低安全高度 4267 米，全程 885 公里；北线最低安全高度 4572 米，全程 819 公里。南线山峰较低，气候比北线好些，但距离密支那、八莫等日军航空队基地较近，容易遭受敌机袭击，因此通常多飞北线。当时飞“驼峰”航线使用的 C-46 型、C-47 型、C-53 型飞机，由于性能的限制，升限只有 5000 米，全载重只能飞 3000 米至 4000 米，往往达不到飞越山峰的必需高度，只能在狭窄的山谷中穿行。加上航线气候条件恶劣，西南季风、暴雨、强气流、低气压和经常遇到的冰雹、霜冻，使飞机在飞行中随时有坠毁和撞山的危险。航线所经过的地区地形崎岖，山势陡峭，峡谷幽深，河流湍急，飞行途中一旦飞机出现机械故障，飞行人员也难以生还。

“驼峰”航线飞行员们每一趟出航，其鲜活生命都有可能定格在千沟万壑的永恒之中。为躲避日本侵略者空军基地对“驼峰”航线上飞机的拦截、攻击，飞越“驼峰”时常要借助于漆黑的夜色作为屏障。根据当事人回忆夜航“驼峰”，“如同在伸手不见五指的夜里闭上眼睛跑百米冲刺”①。

为了抢时间、抢任务，中航有意让飞机超载，道格拉斯设计的飞机最大总载重量为 24400 磅，中航实际装载 27000 磅，有时更多，这大大降低了飞机的安全系数。美方史迪威将军在日记中写道：“当天气让我们停飞时，中航照常飞行”“从 1942 年 8 月初到 1943 年 1 月底，中航在印中之间飞行了 1185 个来回，自 7 月 1 日开始每天在‘驼峰’至少飞行一次，这是军方不可复制的壮举”。②

经常在“驼峰”航线上飞行的中航飞机，1942 年约有 10 架，1943 年约有 20 架，1944 年底增至 30 架左右。飞机平均每天飞行 6—7 个小时，最高日利用率达到 8 小时 50 分。在此期间，共损失飞机（包括被日军击毁）46 架（一说 48 架），牺牲机组人员约 80 名（一说 160 多名）③。美国空军的损失同样极为惨重，仅印中联队有据可查毁坏的飞机就超过 560 架，牺牲和失踪飞行员 1900 多名。

在长达 3 年多的艰苦岁月中，“驼峰”航线共运送了 85 万吨的战略物资。中航往返共飞行了 43611 架次，占同一时期中航总飞行架次的 85. 4%；飞行 161139 小时，占同一时期总飞行小时数的 80%；飞行里程 3593250 公里，占同一时期总飞行公里数的

① 林明华：《民航导读》，中国民航出版社有限公司 2024 年版，第 105 页。
② 林明华：《民航导读》，中国民航出版社有限公司 2024 年版，第 105 页。
③ 林明华：《民航导读》，中国民航出版社有限公司 2024 年版，第 106 页。

79. 2%；运输货物 74809 吨，占同一时期运输货物总量的 94. 5%；运送旅客 37422 人（大部分是中国赴印度的远征军），占同一时期运输旅客总量的 26. 3%。

“驼峰”航线是世界战争空运史上持续时间最长、条件最艰苦、付出代价最大的一次悲壮的空运，是中美两国飞行人员共同创立的世界航空史上的壮举，而大规模航空运输亦在战争史上书写了前所未有的壮丽篇章。“驼峰”空运打破了日军对中国的围困，架设了空中战争生命线。正是有了“驼峰”航线运来的作战物资，从 1943 年底起，中美空军逐步夺得了中国战场的制空权，极大地鼓舞了中国抗战的民心士气。“驼峰”飞行员克服重重艰难险阻，英勇牺牲，飞越“驼峰”天险，对打败日本侵略者、夺取世界反法西斯战争胜利，作出了不可磨灭的贡献。飞越“驼峰”航线也培养了一批飞行、机务、通信和气象人员。

“驼峰”航线飞行不仅彰显了以中航为代表的中国民航工人的抗战决心，同时也充分展现了他们为国家、为民族义无反顾、勇于牺牲的崇高精神。

第四章
解放战争时期的民航工人运动

解放战争时期，在中国共产党的坚强领导下，解放区和国民党统治区的工人群众开展了各种形式的斗争，为配合、支援人民解放战争，夺取革命在全国的胜利，作出了巨大贡献。在国统区，民航工人对国民党统治下物价飞涨、民不聊生的境况进行抗争，因缺乏坚强的领导并被国民党统治内部的矛盾所左右而失败。中国共产党继续培养壮大航空力量，成功发动震惊中外的“两航”（中航、央航）起义。

一、中国共产党培养壮大航空力量

抗日战争胜利后，中国人民解放军挺进东北，建立了航空学校，培养了一大批航空人才。新中国成立前夕，中共中央成立军委航空局，谋划和推动军事和民用航空的创建和发展。

（一）成立晋察冀军区航空站

1945 年 8 月 20 日，在中共地下党的策动、组织下，汪伪政权的一架专机“建国”号起义飞到延安。该机组蔡云翔、于飞等 6 人受到中央领导人的接见。为纪念起义，该飞机被编为“820”号，成为八路军的第一架飞机，隶属八路军总司令部。此次起义是敌伪航空人员投奔革命的先声，对瓦解敌军、建设人民航空事业很有意义。接下来的几年，国民党空军有刘善本等55人驾机起义，至1949年底，起义飞机共有27架。

★ 八路军的第一架“820”号飞机。

八路军晋察冀部队8月23日解放张家口后，八路军总部决定，由王弼率刘风、蔡云翔等驾驶“820”号飞机飞往张家口取运航空燃料。飞机降落张北灵丘机场时，右起落架损毁不能修复。经请示延安总部决定，就地组建晋察冀军区航空站，任命王弼为站长。王弼离开后由油江接任。航空站负责接收、管理张家口2个机场和张北、灵丘2个机场、2架飞机以及一批航空器材、航空燃油，还有几十名日军战俘，并进行人员培训。10月国民党军队占领张家口时，航站工作结束。

（二）创办东北航校

1945年9月，东北人民自治军接受了日本关东军一支300余人的飞行队的缴械投降，该飞机队队长为林弥一郎（后改名林保毅）。这是一支训练新飞行员的部队，有飞行员近20人，机械师20余人，机械员70余人，通信、气象等其他地面保障人员近200

人，拥有部分“隼”式战斗机和一部分教练机。以此为基础，改编为东北民主联军航空队（东北航校的前身）。航空队的主要任务是发动群众搜集航空器材，组织日本技术人员抓紧修理飞机，学过飞行的人员尽快恢复飞行和熟悉、掌握飞行技术，为航空运输和建立航校创造条件。

中共中央按照挺进东北的战略部署，结合对日军航空部队在东北的布局和收编，决定在东北建立一所航空学校。1945 年 9 月，任弼时在延安召见王弼、常乾坤，传达中共中央决定，正式交代去东北建立航校的任务，以便为将来建设人民空军打下基础。刘少奇也对此作了指示：东北是日本扩大侵华的基地，估计该地航空器材很多，这是着手兴办航空事业的一个有利条件。刘少奇一再叮嘱王、常要有信心和决心，要克服困难，办好第一所航空学校①。从 9 月起，中央先后派数批干部进入东北革命根据地，开展办校工作。11 月，中共中央东北局决定，在东北民主联军总部领导下成立航空委员会，由东北民主联军伍修权任主任委员，黄乃一为秘书长，刘风、蔡云翔、林保毅等为委员；正从延安赴东北途中的常乾坤、王弼两位也是委员会委员。委员会近期主要任务是领导筹建航校。

由于航空队人数剧增，为加强领导和管理，1946 年 1 月，航空队改编为东北民主联军航空总队，由通化后方司令部司令朱瑞兼总队长，吴溉之兼政治委员。1946 年 3 月，由中共中央派出的航空技术干部和东北民主联军航空总队合编，在通化成立东北民主联军航空学校，常乾坤任校长，吴溉之兼任政治委员（6 月起由王弼接任）。1947 年 9 月，学校加强了领导班子，刘亚楼、吴溉之分别兼任校长、政治委员，常乾坤、王弼分别改任副校长、副政治委员。

---

① 李军、林明华：《中国民用航空史》，中国民航出版社 2019 年版，第 53 页。

东北民主联军航空学校的飞行和地勤训练都是在国民党军队大举进攻和封锁的条件下进行的，1946 年 5 月学校迁到牡丹江，11 月迁到东安（今密山）。开始时因陋就简，学校组织全校懂航空、能担任教学工作的人员开展教学工作，边教边编教材，主要是给学员上文化课和航空基本知识课，后来开始实施学员的飞行训练。在办学过程中遇到了三大困难：一是学员文化水平不一，有的连算术的四则运算都不大会；二是训练器材少，学校只有一两架能用的初级教练机，中级、高级的飞行训练无法运行；三是缺少各种器材和零配件，航空燃油奇缺。这种种困难，当然都在逐步克服之列，后来基本上能够维持最起码的教育和训练。

1948 年 1 月，学校改称东北人民解放军航空学校。3 月下旬形势好转，学校由东安迁回牡丹江，于 1949 年 3 月迁到长春。1949 年 5 月，学校定名为中国人民解放军航空学校。从 1946 年 10 月至 1948 年 12 月，学校共修复飞机 32 架、发动机 190 台；建立了东北航空总厂，下辖 6 个工厂和器材总库。学校在发展中训练规模日益扩大，从 1946 年 3 月至 1949 年 10 月，共培养飞行员 126 名，领航员 24 名，其他各类航空技术人员 400 多名。1949 年 9 月，中共中央决定同时在全国新建 6 所航校，该航校为 6 所新建航校抽调了领导干部和技术骨干，留下的底子于 1949 年 11 月编为第 7 航校。

中国人民解放军航空学校，俗称“东北老航校”，是新中国人民航空事业的摇篮。学校组成人员和培养的学员，成为创建人民空军的主要力量。学校也为新中国民航和航空工业的创建和发展输送了领导干部和技术骨干。学校从开始就设立了民航训练队，由教育长蔡云翔兼任队长。蔡云翔于 1946 年 6 月因飞机失事牺牲。曾任东北航校副政委的黄乃一后担任民航总局政治部副主任，民航总局党委常委、政治部主任。学校培养的飞行领航员郭浩曾任民航局副局长、党委常委。

（三）成立军委航空局

解放战争不断取得重大胜利，国民党军队节节败退。继辽沈战役之后，1949 年初淮海、平津战役取得胜利，北平和平解放。中共中央在西柏坡筹划中华人民共和国的成立，独立自主发展航空事业的大计提上日程。1949 年 3 月 5 日至 13 日，中共七届二中全会在西柏坡召开。其间，3 月 8 日国际劳动妇女节休会。就在这一天，毛泽东主席主持会议，中央书记处书记刘少奇、朱德、周恩来、任弼时和其他多位领导同志参加，听取应召从东北赶来的东北航校校长常乾坤、政委王弼的汇报，讨论航空创建和发展问题[①]。毛泽东主席意味深长地说，我们在延安时就设想发展航空，但那时不具备条件，延安也就碗口那么大的地方。飞机上天是要烧油的，延河水也就那么多，我们哪有油啊！现在我们胜利了，要建立新中国，要筹备建立空军和发展民航事业[②]。

3 月 17 日，中共中央决定成立军委航空局。30 日，任命常乾坤为局长、王弼为政委。航空局内设民航处，油江任处长。军委航空局是中央军委直接领导下的航空事务管理部门，对指导与协调各大军区、各野战军接收新解放的机场、设备、航空机构、器材及人员等工作起着重要作用。中共中央建设新中国人民航空的决策和实施工作，就此拉开了序幕，工作持续到中国人民解放军空军和军委民航局正式成立。军委航空局民航处承担了迎接“两航”起义等工作。

二、中航机航组工人的怠工与罢工

抗战胜利后，国民党统治区物价狂涨，民不聊生，上海情况

① 李军、林明华：《中国民用航空史》，中国民航出版社 2019 年版，第 55 页。
② 李军、林明华：《中国民用航空史》，中国民航出版社 2019 年版，第 55 页。

更为严重。1946年春，上海发生了一连串的罢工事件，中航发生了机航组华籍工人的怠工与罢工事件。

（一）上海机航组华籍工人的怠工、罢工

1941年12月，中航位于香港启德机场的机航基地遭到日军轰炸，破坏严重，中航遂在印度加尔各答重新建立机航基地。1945年8月，日本投降，抗战胜利，中航机航组员工从印度“复员”到上海后，适值房荒严重、物价飞涨，生活极不安定，普遍产生不满情绪。而美籍员工不仅薪金高于华人①，而且以美元支付，不受法币的影响，在“复员”后还增加了特别生活补贴。对比之下，中美员工间久已悬殊的待遇更加悬殊，这就更加深了华籍员工的不满。

1946年5月上旬，华籍员工组成代表团向公司提出提高工资待遇的要求，到公司找总经理沈德燮谈判。开始谈判时，资方拟订的生活指数与员工的要求相距太远，机航组正式员工实行怠工。前后共怠工3天，并未影响飞行任务。在此期间，又经过几次谈判，资方拟定的生活指数与员工诉求接近，代表团接受谈判结果，回机场劝员工复工。这次怠工活动，纯是经济原因，极大地提振了机航组工人的斗争意志。此次怠工也成为后续罢工的序幕。

当时，国民党统治区的法币贬值，犹如脱缰之马，按谈判所定生活指数调整的工资，已被法币贬值的速度远远抛在后面，员

---

① 以中美飞行员的薪酬水平为例，抗日战争之前，华籍员工的月薪范围为85美元至200美元，而美籍员工的月薪则为300美元至400美元。抗日战争时期，美籍飞行员的薪资更是显著上涨，每月超过1000美元。解放战争时期，美籍飞行员的工资高出华籍飞行员一倍以上，致使部分华籍飞行员因不堪此种歧视而跳槽央航工作。正如当时中航总经理刘敬宜在1947年春董事会上所述，中航的美元开支中，美籍员工的薪酬占据了高达75%的比例。参见王乃天编：《近代中国民航史稿》，《当代中国民航事业》编辑部1987年版，第66、87、125、141页。

工生活仍感十分困难。5月中旬，代表团再度赴总公司进行谈判，要求再次调整生活指数。然而，劳资双方意见相差太远。代表们回来传达，群情激愤，自发地组织起罢工委员会，推选朱声铎为罢工委员会主席，场建临时工代表也加入罢工委员会。谈判毫无进展，罢工委员会宣布自24日起实行怠工。24日，沈德燮接见罢工委员会代表，谈判仍然未果。27日，罢工委员会与员工决定开展罢工。

罢工伊始，美籍技术人员维持航班运行，仅两天便停飞了。接下来数日，经过多轮沟通、调停，双方立场依旧，局面僵持不下。公司告诉谈判代表，沈德燮已决定，若3天内不复工，即去南京，请空军来接管中航。同时，劝说员工先复工，可请公司暂借给每位员工20万元，将来分月扣还。此时美方也不愿意军管，中航美籍副董事长邦德也出面调停，提议复工后美方可向沈德燮施加影响，以缓和员工的要求。罢工委员会对各方建议予以拒绝。5月30日，沈德燮一面赴南京具体布置，一面透露政府强硬处置的决心与政策，以迫使员工复工。在政府的强大压力下，5月31日，机航组员工决议暂时复工，发表宣言坚持原提条件。不料当天下午3时，航空委员会已调派部队开抵龙华机场，借口复工时间已过，于6月1日强行接管机场，扬言要恢复飞行。同时，中航发布告，特别申明如有志愿恢复工作仍回公司服务的，可向公司人事课报告签名，听凭甄别录用。至此，职工为情势所迫，只好申请复工。7月2日，空军人员撤离，罢工事件即告结束。

此次罢工因缺乏坚强领导，又被国民党统治内部的矛盾所左右而失败。

罢工委员会的领导不纯。主席朱声铎曾坚决主张罢工到底，然而军管实施后的第二天，却突然宣布解散罢工委员会。朱声铎是国民党三青团干部，其真实身份为中统特务，以中航机械员的身份潜伏其中，与国民党上海市党部陆京士勾结，操纵此次罢工行动。罢工尚未恢复时，他便利用国民党公费前往美国留学，逃避责任。

罢工暴露出国民党统治内部的种种矛盾。国民党统治内部矛盾左右罢工行动。当时，国民党行政院长宋子文主张镇压罢工，并协同交通部部长俞大维亲临上海主持；同时，CC 系统（陈果夫、陈立夫，即中统）的国民党中央社会部部长谷正纲和国民党上海市党部陆京士等人则在暗中操纵罢工，试图对公司施加压力。双方截然不同的立场，正是二陈与宋子文之间矛盾的直接体现。中航曾一度由中统徐恩增担任董事长，二陈党羽李吉辰担任总经理。后来宋子文系统的沈德燮取代李吉辰，二陈系统对此颇不甘心，意图通过扩大罢工事态打击宋子文势力。为此，宋子文亲自出马，坚决镇压罢工，不肯示弱。

（二）中航机航组工潮在全国各地的响应

昆明和重庆两个民航航站的员工，在响应、支援和参加中航机航组反对国民党当局压迫和剥削的罢工运动中，也曾写下光荣的一页。

据 1946 年 5 月 28 日至 6 月 6 日的重庆《大公报》记载，当时民航员工的罢工浪潮如火如荼。5 月 28 日《大公报》载："上海中航公司员工罢工风潮进入第三日，仍未解决，重庆中航公司员工亦开始罢工，以为响应，各线班机昨均告停航。赴昆明、广州及加尔各答之乘客无法成行。"5 月 31 日《大公报》载："'中航'公司工潮昨日尚未解决，且已扩大至全国各地机场。此间机航组负责人表示，决为上海同仁之后盾。渝处负责人昨午开始以电政局之长途电话与上海总公司取得联络。"据"中央社"上海 6 月 1 日电称："航委会所派空军人员，1 日已接收龙华机场之'中航'公司机航部份，并派 3 机分飞渝、平、穗 3 地，'中航'总职人员一律解职，愿恢复工作者，重办登记。"各地机场员工一致通电，请求当局收回成命，航委会应即停止接收，已接收者概行退出，因此，除渝沪间有邮机 1 架往返外，各线班机均陆续停航。后由于航委会暂停接管，被解职的员工予以复职，此次罢工运动才告结束。

虽然此次中航机航组员工罢工行动未能取得预期效果，但他们维护自身权益的斗争精神，对后来的“两航”起义产生了积极影响。

三、港九民航工会与“两航”起义

解放战争后期，中国的军事、政治、经济形势发生重大变化。三大战役后，国民党军队损失惨重，主力基本上被歼灭，蒋介石从南京退往广州后又退踞重庆。国民党政府为支撑残局，需从空中向西南运送物资，因空军运力不足，于是命令“两航”参加空运枪支弹药行动。“两航”作为重要交通工具，其动向对国民党政府的政治、经济状况，特别是军事运输有着直接的影响。与之相应的，中国共产党争取“两航”起义，则成为配合人民解放军解放大西南的重要举措。

随着国民党军事上的溃败及政治、经济上的全面危机，“两航”因失去运营基地而陷入困境，航线急剧萎缩。自 1948 年底起，原以上海为基地的“两航”陆续迁离。中航总公司一部分迁往台南，刘敬宜总经理则率机航组等公司主要部门迁到香港；央航总公司迁往广州，发动机检修股迁往香港，1949 年 8 月，总公司也迁到香港。“两航”迁到香港后，困难进一步加剧。因为“两航”特别是中航在香港航运市场仍然举足轻重，同英资航空运输企业业务矛盾和利益冲突日益尖锐，从 1949 年 6 月开始，港英当局施压逼迫中航迁出香港启德机场。“两航”尤其是中航已到了山穷水尽的境地。

为了使“两航”摆脱困境，归向人民阵营，加快解放的步伐，中国共产党做了大量工作，逐渐形成了策动“两航”起义的决策。1949 年 2 月，中共中央香港分局负责人潘汉年、夏衍等就通过中航香港办事处处长、中国共产党地下工作者何凤元与中航总经理刘敬宜商谈中航飞机通航北平事宜。上海解放后，上海市军管会空军部接管“两航”留守机构时，了解到“两航”总部撤离上海时安排留沪资产设备交给当地新政权的情况，中共中央华东局据此认为“两航”具备较好的争取基础，随后向中央军委递交争取“两航”的工作报告，提出策动“两航”起义的建议。

★ 刘敬宜（左）和陈卓林（右）。

1949 年 6 月，中央军委副主席周恩来根据国内时局的变化和“两航”的重要作用，作出了策动“两航”起义的决策，指定中共中央社会部部长李克农负责，罗青长具体办理，同时电告中国共产党在香港有关组织设法策动“两航”迁返祖国大陆。

1949 年 7 月，中共中央军委决定派遣中共中央华东局社会部吕明偕留在大陆的央航副总经理查夷平前往香港开展策动工作。8 月，吕明、查夷平抵达香港，随即与中共香港工委等党在香港的组织和机构取得联系。9 月初，吕明、查夷平、朱汉明（中共中央社会部驻香港情报人员）、何凤元、陆元斌（中航飞行报务员、中国共产党地下党员）、陈耀寰（中航气象员、中国共产党地下党员）组成“两航”起义工作核心小组。吕明向小组传达中央军委和周恩来副主席对策动“两航”起义的指示，同时决定停止对“两航”个别飞行人员驾机起义的策反工作，转为策动整体起义。

起义工作核心小组决定对“两航”上层、中层、基层人员同时开展策动工作，分工大体为：吕明、查夷平负责争取“两航”总经理的工作；何凤元负责争取刘敬宜、中航总公司的中层干部和中航香港办事处人员的工作；吕明、陆元斌负责争取飞行人员和中航机航组人员的工作；陈耀寰负责争取央航中层干部和“两航”基层人员及联络港九民航工会的工作；朱汉明负责与北京的通讯联络工作。

策动上层。争取央航总经理陈卓林的工作相对较为顺利。尽管陈卓林态度因央航李福遇驾机起义、担忧查夷平身份暴露殃及自己、起义行动在中上层及飞行人员中有不小阻力而出现反复，但其基于爱国主义精神，仍秉初衷，决意亲自参加北飞，毅然起义。中航总经理刘敬宜从与中国共产党接触，到率众起义，经历了较长时间的考虑。面临港英政府施压中航、泛美航空公司试图吞并中航、国民党政府交通部催逼中航迁台等多重困境致使中航难以继续营业，中华人民共和国宣告成立对发动起义更为有利，以及因赴台“述职”时险遭不测的境况，刘敬宜最终彻底放弃对国民党的幻想，下定决心带领中航起义。

策动中层。何凤元抓住反对迁台环节，在中航中上层活动并串联、召集部分中层人员开座谈会，逐步形成反对迁台的舆论。以此为基础，多次召集志同道合的中航各部门掌握实权的课级、处级负责人及能左右部门的中层业务骨干开会，筹划起义事宜。这些中层骨干对上可影响总经理刘敬宜，对下可团结推动基层的干部和群众。他们配合起义工作核心小组部署，促使总经理刘敬宜下定决心参加起义。央航的情况与中航不同，央航是通过自上而下和自下而上相结合来推动中层干部，形成合力控制全局的。

策动基层。港九民航工会在策动基层人员中发挥着重要作用。1949 年春，在香港启德机场附近办英语补习学校的冷雪山，从在“两航”工作的学员中了解到“两航”员工对时局的看法和思想动向，告知中共地下党员、港九工联会理事长张振南。张振南认为在机场各航空公司内组建工会对发展港九工会的进步力量有利，便向中共香港市委汇报并获批准。张振南授意冷雪山筹建民航工会。

冷雪山鼓动“两航”的学员进行宣传、联络活动，通过多方串联、广泛动员，团结组织起一批维护职工利益、有爱国心、反对迁台的进步员工，成立筹备委员会，共商成立工会事宜。1949 年 8 月，筹委会多次召开会议，讨论组会事宜。筹委会经慎重考虑后，明确工会宗旨为突出维护会员权益、保障会员福利。工会的活动也更加强调文件学习、娱乐、座谈交流等方式，寓以宣传、教育、发动团结会员的内容。这样一来，既不影响工会开展合法活动以达到组会目的，同时又展现出“纯为会员经济福利而斗争”的类似工团面貌。

9 月 11 日，港九民用航空事业职工总会（以下简称港九民航工会）正式成立，约有 400 名会员，“两航”员工占绝大多数，选举冷雪山为工会主席，汪企远、楼阅棣为副主席，分管“两航”，并选举产生工会秘书长、执行委员和监察委员（见表 1）。港九民航工会的成立为“两航”起义奠定了群众基础，提供了组织和思想准备，为发动起义工作提供了有利条件。

表 1　港九民航工会第一届执监委

<table>
<tr><th colspan="2">职务</th><th>姓名</th><th>备注</th></tr>
<tr><td colspan="2">主席</td><td>冷雪山</td><td>英语补习学校教师，工会成立后被工会雇用，专职搞工会工作</td></tr>
<tr><td colspan="2" rowspan="2">副主席</td><td>汪企远</td><td>中航外勤日班机械员大领班</td></tr>
<tr><td>楼阅榛</td><td>央航液力股股长</td></tr>
<tr><td colspan="2">秘书长</td><td>魏应鹏</td><td>中共地下党员，中航材料员</td></tr>
<tr><td rowspan="8">执行委员</td><td>宣教部长</td><td>胡理昌</td><td>中共地下党小组长，中航机械员领班</td></tr>
<tr><td>组织部长</td><td>金超</td><td>中航电焊部大领班</td></tr>
<tr><td>财务部长</td><td>祁延煦</td><td>中航机身股股长兼工程师</td></tr>
<tr><td>福利部长</td><td>陆麟才</td><td>中航发动机股股长</td></tr>
<tr><td>庶务部长</td><td>戚少俊</td><td>中航液力机械员大领班</td></tr>
<tr><td>康乐部长</td><td>梁汝麟①</td><td>央航仪器股专员</td></tr>
<tr><td>联系部长</td><td>楼阅榛（兼）</td><td>央航液力股股长</td></tr>
<tr><td>候补执委</td><td>孟其珍</td><td>中央外勤夜班机械员领班</td></tr>
<tr><td rowspan="6">监察委员</td><td>监察长</td><td>端木全</td><td>央航机械员</td></tr>
<tr><td rowspan="4">委员</td><td>黄国铨</td><td>中航助理工程师</td></tr>
<tr><td>余品珍</td><td>中航无线电机械员</td></tr>
<tr><td>冯忠杰</td><td>中航机械员</td></tr>
<tr><td>陈阿华</td><td>中航机械员</td></tr>
<tr><td>候补委员</td><td>张耀庚</td><td>中航汽车修理间机械员领班</td></tr>
</table>

何凤元等人抓住反对迁台环节，在中航中上层活动，吸收工会副主席汪企远、秘书长魏应鹏、组织部长金超、财务部长祁延煦参加中航中层人员座谈会，同时介绍陈耀寰与工会副主席楼阅

① “两航”起义前发现其有不正常苗头，重要会议避开了他；“两航”起义后公开投敌背叛起义，被工会开除。

棣接上关系。陈耀寰由此打开了工会渠道，通过楼阅棣与工会福利部长陆麟才、监察长端木全、监察委员余品珍取得联系，并通过这些同志的引荐逐渐向工会的执委、监委及骨干分子扩展联系。10月中旬，客观形势日趋有利，陈耀寰根据吕明授意和工会执委、监委及部分骨干见面，透露组织起义的意图，提出做好准备、配合起义行动的要求。在陈耀寰策动起义的过程中，另一条不同于陈耀寰这一组织路线的胡理昌地下党小组也积极协助起义开展工作，通过召开策动积极分子座谈会及“读书会”（对内称“工会核心小组”）传达布置任务，推动基层起义工作准备。港九民航工会中的“两航”主要成员积极筹备起义工作，使工会工作由以经济要求的反对迁台斗争上升到以起义为目标的政治斗争，促进形成了起义骨干队伍，引导广大爱国员工群策群力，排除困难，加紧推进各项准备工作。

★ 抵达天津的“两航”起义北飞人员。

港九民航工会在“两航”起义过程中所发挥的作用主要体现

在四个方面。第一，港九民航工会组建初期，以维护员工利益为宗旨，反对迁台，秘密串联发展会员，把广大员工凝聚在一起，团结一致，以各种形式进行了爱国主义和回归大陆的宣传教育，使会员得到了锻炼，提高了觉悟，奠定了群众基础，为后来的“两航”起义提供了思想和组织准备，为顺利发动起义创造了有利条件。第二，港九民航工会工作纳入“两航”起义的全盘行动后，中国共产党利用工会这一群众性的公开组织，秘密推动了“两航”起义基层工作的开展，为起义的发动提供了很大的便利。“两航”起义之所以能在短短两个多月的时间内得以广泛发动而又不走漏风声，其一在于掌握了中层主管，以行政渠道下达准备工作指令，其二在于“两航”基层人员通过港九民航工会发动了广大群众。第三，港九民航工会的执委、监委及骨干分子，绝大多数成了“两航”起义工作的中坚力量。他们利用工会的组织基础进行秘密串联，成立“基层行动核心小组”，形成了一支不可忽视的重要力量。起义前，他们积极参加北飞飞机、器材的准备，组织纠察队，为推动、配合起义发挥了重要作用。第四，“两航”起义后，港九民航工会广大会员全力以赴投入护产、抢运工作。在中国共产党的领导下，在港九工会联合会的积极支持和各界进步力量的声援下，与英、美帝国主义和国民党展开英勇斗争。尤其在1952年七二九抗暴斗争中，广大会员不畏强暴、坚守岗位，捍卫祖国尊严，保护祖国财产，表现出了伟大的爱国热忱，在数年艰苦卓绝的斗争中为护产作出了积极贡献。

1949年11月9日，“两航”在港2000多名员工通电起义。中航10架飞机和央航2架飞机冒着可能遭到国民党空军袭击的危险，经长途航行全部安全飞回祖国大陆。其中，起义主机（直飞北京）机长潘国定、11架飞天津飞机的领队陈达礼机长等人，都是当年飞越“驼峰”航线的英雄。11月12日，毛泽东主席致电祝贺刘敬宜、陈卓林和“两航”员工，赞扬他们“毅然脱离国民

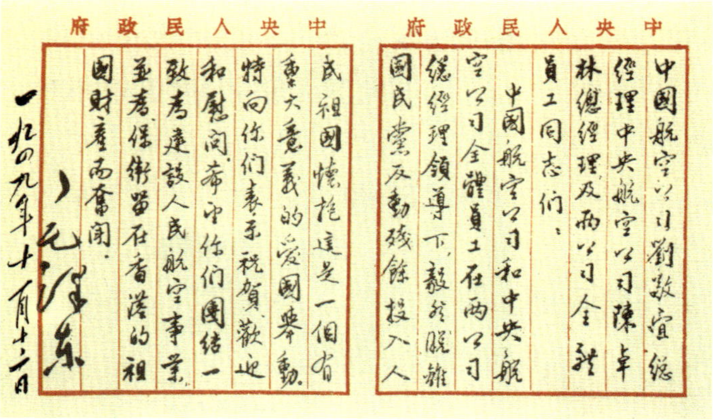
中央人民政府

中國航空公司劉敬宜總經理、中央航空公司陳卓林總經理及兩公司全體員工同志們：

中國航空公司和中央航空公司全體員工在兩公司總經理領導下，毅然脫離國民黨反動殘餘投入人

中央人民政府

民祖國懷抱，這是一個有重大意義的愛國舉動。特向你們表示祝賀、歡迎和慰問，希望你們團结一致，為建設人民航空事業並為保衛留在香港的祖國財產而奮鬥。

毛澤東

一九四九年十一月十二日

★ 毛泽东主席致电祝贺“两航”起义。

党反动残余，投入人民祖国怀抱，这是一个有重大意义的爱国举动”，希望他们“团结一致，为建设人民航空事业，并为保卫留在香港的祖国财产而奋斗”。①

“两航”起义北飞成功后，立即通电其国内外各办事处、航站，电令保护好财产，号召尚待解放地区和海外员工归附中华人民共和国，各地纷纷响应起义。中国共产党在港机构则继续领导起义员工开展捍卫起义成果的护产斗争。

“两航”起义是在中国共产党直接领导下的爱国壮举，是震惊中外、影响深远的一件大事。“两航”起义的直接作用，是给了国民党政权在政治上、军事上一个重大打击，切断了国民党政权的西南空中运输线，配合人民解放军解放大西南，加速了解放全国大陆的进程。同时，为新中国民航发展奠定了物质、技术、人才基础。“两航”起义的成功，轰动了香港，震撼了国民党政权，引起国际注视，直接影响了国民党政权在港的资源委员会、

① 中国民用航空局思想政治工作办公室编著：《两航起义始末》，中国民航出版社 2009 年版，第 29 页。

招商局和中国银行等27个机构，对他们相继起义起了示范和带头作用，在政治上、经济上给予国民党政权以有力打击。

“两航”北飞的12架飞机和后来由“两航”员工修复的国民党遗留在祖国大陆的17架飞机，构成了新中国民航初期的机队主体。内运的器材设备，成为新中国民航初期维修飞机所需的主要航空器材来源，并组建起了太原飞机修理厂、天津电讯修理厂，为发展新中国航空工业和电讯研究工作奠定了一定的技术和物质基础。“两航”起义归来的大批技术、业务人员，成为新中国民航事业建设和民航工人运动的一支重要技术、业务骨干力量。遍布全国许多岗位的“两航”起义员工，在国防、航空、航天、电子、通信、机械工业、科研、文教等部门，为社会主义现代化建设和争取祖国统一作出了积极贡献。

第二编

社会主义革命和建设时期的民航工人运动（1949—1978）

社会主义革命和建设时期，中国工人阶级从过去被压迫被剥削阶级变成新政权的主人、新中国的领导阶级和社会主义革命与建设的主力军，中国工会的主要任务转变为团结教育吸引广大工人群众为建设新中国而奋斗。在党的关怀领导下，新中国民航艰苦创业，探索前行，茁壮成长。虽然在这期间，民航工会历经两次建立与两次撤销的起伏，“文化大革命”使干部职工队伍遭受创伤，但在民航局（民航总局）党委和全国总工会的领导下，民航工会积极开展工作，民航职工发挥主力军作用，大力推动民航事业发展，为恢复国民经济、巩固新生人民民主政权和建设社会主义作出了重要贡献。

第五章
为创建新中国而奋斗
（1949—1956）

1949 年 10 月 1 日，中华人民共和国宣告成立，从此揭开了中国历史的新篇章，中国工人运动由此进入从新民主主义向社会主义转变的崭新历史发展阶段。民航职工身处其中，积极投身于恢复国民经济和巩固新政权的奋斗洪流中，成为新中国建设的重要力量。

一、新的历史使命与任务

（一）新的形势任务下工人运动指导方针的确立

新中国成立后，中华大地呈现出万象更新的局面。同时，在党和人民面前，还存在着许多亟待解决的困难，面临着很多严峻考验。国内方面，军事上，人民解放战争还没有完全结束，国民党的大批残余力量负隅顽抗，严重危及社会新秩序的建立和稳定。经济上，面对的是一个千疮百孔的烂摊子，生产萎缩、民生困苦。国民党统治下长期的恶性通货膨胀，造成物价飞涨、投机猖獗。国际方面，以美国为首的帝国主义阵营对新中国实行政治孤立、经济封锁和军事包围。面对复杂形势和种种考验，党采取一系列积极稳健的政策措施，领导包括工人阶级在内的全国各族人民迎接挑战，开始了建设新中国的伟大进程。

在中国共产党的领导下，广大工人群众从旧世界的打碎者变为新世界的建设者。为实现国家工业化和巩固人民民主政权，党中央和全国总工会确定了新中国工人运动的方针，即在政治上必须坚决支持、拥护和捍卫各级人民政权；在经济上坚决贯彻和执行“发展生产、繁荣经济、公私兼顾、劳资两利”的总方针。新中国工会工作方针充分体现了新民主主义向社会主义转变时期的特点，既考虑彻底完成民主革命遗留任务，也根据新中国成立后形势任务的巨大变化而不断修正、深化和发展，发挥指导作用。在这一工会工作方针和政策的指导下，工会组织迅速发展壮大，工会工作呈现出生机勃勃的景象，广大职工的主人翁意识逐步得到树立和强化，创造热情不断被激发，工人阶级成为国民经济恢复和各项生产建设中的主力军。1949 年 9 月，中国人民政治协商会议第一届全体会议在北平召开，会议的最重大成果是通过了《中国人民政治协商会议共同纲领》。它规定了新中国的各项制度和政策，以法律的形式建立起新中国的以工人阶级为领导、工农联盟为基础的新秩序，为工人运动和工会工作的开展提供了制度基础、规划了行动方向。

1953 年 5 月 2 日至 11 日，中国工会第七次全国代表大会在北京召开。大会明确提出国家建设时期的工会组织最重要最基本的任务，就是在中国共产党的领导下，联系并教育工人群众，不断提高工人群众的觉悟程度和组织程度，巩固工农联盟，团结各阶层人民，积极完成国家建设计划，并在发展生产的基础上，逐步改善工人阶级和全体劳动人民的物质生活与文化生活，为逐步实现国家的工业化和过渡到社会主义而斗争。大会确立了“以生产为中心，生产、生活、教育三位一体”的工会工作方针，标志着中国工人运动和工会工作进入一个新的历史时期①。

从1953年起，在党的过渡时期总路线的指引下，广大工人贯彻落实中国工会七大精神，提前和超额完成第一个五年计划，全面推动国家各项工作。至1956年底，我国基本上完成了生产资料私有制的社会主义改造，初步建立起公有制占绝对优势的社会主义经济制度。

（二）新中国民航的创建

新中国成立之际，党和国家领导人高瞻远瞩，立即着手筹划创建民航，把民航视为建设和发展新中国的重要工具，在国家百废待兴、物力维艰中大力支持民航起步和建设，取得很大成就。

1949年9月29日，中国人民政治协商会议第一届全体会议通过的《中国人民政治协商会议共同纲领》中提出“创办民用航空”。11月2日，中共中央政治局作出决定，为管理民用航空，决定在人民革命军事委员会下设民用航空局，受空军司令部之指导，任命钟赤兵为民用航空局局长。12月9日，中国人民革命军事委员会任命原第四野战军特种兵部队政委钟赤兵为军委民航局局长、唐凯为副局长。1950年6月2日，军委政治部批复设立民航局党委。8月10日，周恩来总理主持会议决定，军委民航局对外名称为“中央人民政府民航局”，指挥权属军委空军司令部，行政领导属政务院②。

民航创建之初面临的困难较多，当时只有10余架小飞机，几条短航线，机场少且设施极为简陋，加之新中国虽成立，但一些地区还没解放，国民党还不时袭扰，尚不具备规模发展民航事业的条件。在这样的形势条件下，民航经营方针为“小飞原则”和

① 全国工会干部培训基础教材编写委员会编：《中国工人运动史概论》，中国工人出版社2023年版，第49页。

② 李军、林明华：《中国民用航空史》，中国民航出版社2019年版，第59—60页。

“采取企业制”，主要执行一些临时性的专机、包机飞行任务。1950 年 3 月 27 日，中国和苏联签订《关于创办民用航空股份公司的协定》，成立了中苏民航公司，于 7 月 1 日正式运营并开航，开辟了北京—乌兰巴托—伊尔库茨克等国内国际航线各 3 条，对新中国成立初期加强中央和地方的密切联系起到了重要作用，打破了西方对我国对外航空交通的封锁。中苏民航公司的合营于 1954 年 12 月终止，公司正式移交给中方。民航在开辟至苏联航线的同时，积极筹划开辟国内航线，于 1950 年 7 月 31 日载客飞行天津—汉口—广州航线，8 月 1 日执飞了天津—汉口—重庆航线。1950 年至 1951 年，中国航空公司、中央航空公司并入民航局。民航从 1951 年开始开展通用航空业务。1952 年 7 月 17 日，中国人民航空公司在天津成立，开展航空运输、包机、护林飞行、农业航空等民航业务，组建了新中国民航第一支飞行队，于 1953 年 1 月并入民航局。6 月，民航局撤销中国人民航空公司。尽管公司存在时间较短，却是新中国民航政企分开、改革管理体制的有益探索。

（三）民航工会工作委员会的成立

1949 年 7 月，全国工会工作会议召开，规定了全国各级工会的组织系统和规章制度，提出把全国工人阶级尤其是产业工人组织起来的任务，全国范围内各级工会组织由此广泛建立起来。新中国民航成立后，为了更好地调动广大职工积极性，发展人民航空事业，1950 年 12 月 7 日，中华全国总工会民航工会工作委员会成立（以下简称民航工委）。民航工委配有主任、副主任和秘书长，下设一室（办公室）五部（组织、生产、生活、文教、财务），专职干部 14 人。之后，民航各级工会筹备工作陆续开展起来，至 1951 年 8 月，全民航成立了 4 个地区工会筹备委员会，14 个基层工会委员会，205 个工会小组，工会会员 2581 名，各级工会干部 186 名。组织起来的职工达到全部职工总人数的 55%。

1951 年 10 月 26 日至 11 月 8 日，民航工会组织工作会议召开，各地区交流了工会组织工作经验，明确了工会的中心工作，并围绕健全各级工会组织、安排工会活动、发展解决职工福利、联系群众发扬民主等方面业务进行了探讨与学习。会上还讨论通过了组织编制、收缴会费等制度办法。会议的召开，对民航工会工作走向正轨以及工会工作的全面开展起到了重要的推动作用。

1952 年 11 月 5 日，为适应民航新的组织形式和加强对民航工会工作的领导，经民航局党委同意，中华全国总工会批准王功员、高树青、孙川人、杨王漉、华凤翔、田野、何凤元、孙耕野、伍庆香 9 人为中国民航工会工作委员会委员，其中王功贵为主任，高树青为副主任①。

当时，民航队伍的基本构成主要有三类人员：一是革命军人，到 1952 年 7 月已有各级干部 250 多人；二是参加“两航”起义和“复员”回内地的员工，连同内地留用人员，到 1950 年底共有 2500 多人，其中大多数是掌握现代航空技术的专业人才和业务管理人才；三是新生代，到 1950 年底，从各军政干校、华北革命大学调来参军、参干的青年知识分子 140 多人，从社会上招收的学生 1400 多人②。

在民航工委的指导下，各级工会积极引导职工学习党的方针政策，强化政治教育和思想教育，组织职工参加政治、文化、技术的学习，提高政治觉悟、思想认识以及文化技术水平，发动职工完成生产任务，办理职工福利，同时，初步开展了劳动竞赛和合理化建议活动，并开始进行工会自身组织的建设。

---

① 《中国工会运动史料全书》总编辑委员会编：《中国工会运动史料全书：民航卷》，中国民航出版社 1998 年版，第 46 页。

② 林明华：《民航导读》，中国民航出版社有限公司 2024 年版，第 65 页。

二、民航职工致力国民经济恢复和新生政权巩固

（一）参与“八一”开航

1950 年 7 月 18 日，钟赤兵、唐凯向周恩来总理、中央军委代总参谋长聂荣臻、空军司令员刘亚楼等请示国内开航事宜，提出拟于 8 月 1 日用 3 架飞机复航天津至重庆、天津至广州的直达航线与重庆至成都、昆明、贵阳、汉口的班机飞行。聂荣臻审阅报告后批示：“广州是否安全，有遭空袭的顾虑，须查明后再办，其他两线同意复航。”① 21 日，周恩来总理批示同意。为贯彻领导批示精神，民航局安排了天津至广州的试航。29 日，在北京隆重举行了“两航”起义北飞的主机 CV-240 型 XT-610 号命名为“北京”号的庆祝典礼。

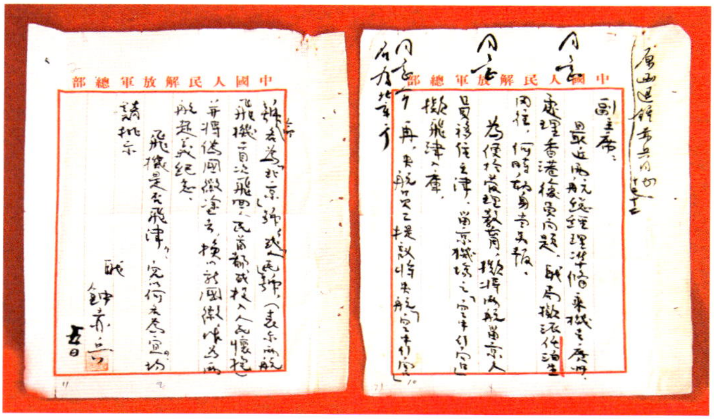

★ 周恩来总理同意将原中央航空公司潘国定驾驶的北飞起义主机（CV-240 型 XT-610 号）命名为“北京”号的批示。

① 李军、林明华：《中国民用航空史》，中国民航出版社 2019 年版，第 66 页。

★“八一”开航两架飞机机组人员合影。

“北京”号飞机即原中央航空公司所属“空中行宫”CV-240型XT-610号飞机，是“两航”起义北飞12架飞机的主机。鉴于其发挥的重要作用及承载的重要意义，民航职工请求用新中国首都的名字命名该机，得到了中央人民政府的批准。1950 年 7 月 29 日下午，在北京西郊机场举行了隆重的“北京”号命名典礼。7 月 31 日，以潘国定为机长的机组驾驶“北京”号载客飞行天津—汉口—广州航线；8 月 1 日，执飞回程航班。同日，使用 C-46 型飞机开辟了天津—汉口—重庆航线。这是军委民航局成立后新中国民航国内航线的正式开航，当天举行了开航仪式，故称“八一”开航。

“八一”开航后，为尽快改变西南各省交通闭塞状况，先后又开辟了从重庆至成都、贵阳、昆明、汉口、西昌等地的航线。12 月 5 日开辟的重庆—西昌航线，是新中国民航第一条地方航线①。1956 年 5 月 25 日至 29 日，“北京”号从北京经重庆、成都、玉树，首次试航拉萨取得成功，这在当时是勇闯“飞行禁区”的飞行。此次试航及 1960 年进行的再次试航，为 1965 年西藏成功通航奠定了良好基础。

（二）支援抗美援朝战争

1950 年 10 月，中国政府应朝鲜劳动党和政府请求，经全面估量国内外形势，作出派遣中国人民志愿军奔赴朝鲜作战，抗美援朝、保家卫国的历史性决策。11 月 6 日，全国总工会发表宣言，号召全国工人阶级开展抗美援朝、保家卫国运动。在民航局党委的组织领导和民航工会的配合协助下，民航职工满怀激情与抱负，通过不同的方式积极支援抗美援朝战争。

一是积极发扬爱国主义和国际主义精神。民航各级工会配合行政部门，组织职工参加各种时事和志愿军归国代表的报告、会议及和平签名运动、“两航”起义周年纪念日等，运用快报、黑

① 李军、林明华：《中国民用航空史》，中国民航出版社 2019 年版，第 66 页。

板报、广播等宣传形式，广泛进行抗美援朝的爱国主义教育和国际主义政治教育，大力宣传弘扬爱国主义和国际主义精神。

二是通过上书、发表宣言、报名参加志愿军等方式表示赴朝作战的决心。在1950年11月9日“两航”起义一周年纪念日这一天，民航全体职工为抗美援朝保家卫国上书毛泽东主席，表达了为保卫祖国、保卫家乡、保卫世界和平而奋斗的决心。“两航”全体飞行人员发表了愿意承担任务、保卫和平的宣言。同日，华北人民革命大学全体民航同学致信民航局钟赤兵局长及全体民航同志，表示愿为赴朝作战作出自己的贡献。在支援抗美援朝战争运动中，民航职工有507人报名参加志愿军，107人报名参加军事干校，369人要求组织赴朝工作队，206人报名输血①。

三是掀起热烈的抗美援朝捐献运动。在全国开展抗美援朝捐献武器运动前，就已有多数民航职工主动降低生活水平，长期捐献部分薪金或积蓄，据不完全统计有10亿元（旧币，下同）左右。捐献运动开始后，全体民航职工在爱国主义和国际主义精神的鼓舞下，掀起了热烈的捐献高潮②。民航局领导以身作则，局长钟赤兵、副局长唐凯带头捐献。部分民航职工每月积极捐献，直到朝鲜战争基本胜利为止。民航职工家属也积极参加捐献，如天津、重庆的职工家属组织义卖光荣花等。

除民航职工以个人名义捐献之外，民航局也以单位名义组织现场捐献。如1951年6月8日，民航局局直各单位当场捐献约3.56亿元。至1952年1月，民航系统捐献总数达54亿元，平均

① 《中国工会运动史料全书》总编辑委员会编：《中国工会运动史料全书：民航卷》，中国民航出版社1998年版，第67页。

② 民航局党委在关于加强党对工会工作领导的指示中指出，自1951年8月起，各地抗美援朝的组织机构，均附设在工会领导之下，抗美援朝捐献运动的发动和捐献的物资，一律统一由工会管理。参见《中国工会运动史料全书》总编辑委员会编：《中国工会运动史料全书：民航卷》，中国民航出版社1998年版，第61页。

每人捐献100万元以上，超额完成了捐献一小队战斗机的光荣任务，为支援中国人民志愿军贡献了民航力量①。

（三）支援解放西藏空投任务

1951年5月23日，中央人民政府代表与西藏地方政府代表签订《关于和平解放西藏办法的协议》。当解放军进军西藏时，由于青藏高原雪山草地遍布，交通险阻，气候严寒，人烟稀少，进藏部队面临着物资缺乏、高山缺氧等困难，军需供应大多依靠飞行空投补给。为支援进藏部队和平解放西藏，民航奉命参加了空军支援空投任务。

1951年7月2日，军委民航局奉中央军委聂荣臻总参谋长命令，派3架C-46型运输飞机支援空投任务。民航局总飞机师潘国定，机长张镒、张家骅等首批人员组成民航支援解放西藏飞行中队（以下简称民航支藏中队，直属空军第十三师第三十九团）参加任务，潘国定、张镒先后任民航支藏中队队长。从10月开始，高原空投任务日趋繁忙，民航先后派人对原C-47型飞机机长进行转飞C-46型飞机的培训。之后，多人轮流更换执行空投任务。经过一年左右时间，到1952年7月20日，空投任务正式结束。

在被称为“空中禁区”的西藏高原执行空投任务，难度极大。曾担任民航支藏中队队长的张镒回忆：当时设备落后，飞机器材陈旧；地图不准确，导航设备缺失；气候变化无常，三四个气象观测站所报天气实况不准确、不全面；飞行员缺乏高原飞行经验。不过，这些困难并没有难倒民航支藏中队，全体人员依靠群众、团结配合，在执行任务中积极摸索和总结经验，提出了58

① 《中国工会运动史料全书》总编辑委员会编：《中国工会运动史料全书：民航卷》，中国民航出版社1998年版，第67页。

项合理化建议[①]，对改进工作、提高效率起到了良好的作用，圆满超额完成了任务。

在近一年时间里，民航支藏中队完成了西藏昌都、卡贡、马塘、甘孜等空投场地的空投任务，投放了弹药、汽油、发电机、书籍、大米、黄豆、面粉、麦种、胶鞋等各类物资，每月都超额完成下达的空投任务数量，共计完成空投任务103架次（其中昌都[②]69架次），累计飞行535小时48分，空投物资289700多公斤[③]。

由于出色的空投成绩，民航支藏中队屡受嘉奖。1951年11月4日，在空军第13师全混合团评选大会上，民航支藏中队荣立集体二等功，潘国定荣立个人一等功。11月24日至25日，空军第13师在新津机场召开庆功大会，号召向中队学习，为中队颁发题词为“超额完成任务节省国家器材有功”的锦旗。11月27日，西南军区空军空投庆功大会颁发给中队的锦旗题词是“祖国人民的好儿女”。西藏解放后，中队成员获西藏解放纪念章一枚。1955年3月21日至29日，中国人民解放军空军首届英模大会在北京召开，民航局英模代表、重庆站站长唐绍秋及中队代表潘国定、张镒等参加了大会。中队代表参加大会归来后，在民航局及北京管理处先后召开的欢迎会上介绍了立功事迹，对当时民航生产建设起到了积极的推动作用。

---

① 例如，采取直线飞行，缩短飞行时间；增加飞机物资载重，节省飞行架次；精确计算空投诸事项，提高命中率，保证安全；在航行中各机组定时通话，互通情况，加强协作；等等。参见《中国工会运动史料全书》总编辑委员会编：《中国工会运动史料全书：民航卷》，中国民航出版社1998年版，第121—122页。

② 1950年10月，人民解放军发起昌都战役，消灭藏军的主力，解放了藏东重镇昌都，打开了进军西藏的门户，为和平解放西藏铺平了道路。

③ 《中国工会运动史料全书》总编辑委员会编：《中国工会运动史料全书：民航卷》，中国民航出版社1998年版，第123页。

（四）参加“三反”运动

在全国人民努力开展增产节约运动中，各地党政机关内部暴露出了贪污、浪费和官僚主义问题。1951 年 12 月 1 日，中共中央作出《关于实行精兵简政、增产节约、反对贪污、反对浪费和反对官僚主义的决定》，要求全国从中央到地方揭露一切贪污事件，开展“三反”运动。

1952 年 1 月，民航“三反”运动逐步开展，首先是反对浪费、反对官僚主义。其次是由于官僚主义作风，许多行政和业务的制度存在不严格、不合理情况，出现浪费现象严重的问题，特别是在民航修建和副业生产方面。在民航局党委的领导下，民航各级工会干部和广大职工群众深入参与“三反”运动，同官僚主义、贪污腐败作风进行了坚决斗争。运动中对所查出的问题作了处理，清除了干部队伍里的蛀虫，教育了干部的大多数，有力地抵制了旧社会的不良习俗和资产阶级腐朽思想的侵蚀，对形成清正廉洁的党风政风与健康的社会风气发挥了重要作用。民航职工也在这场运动中受到了深刻的阶级斗争教育，增强了拒腐蚀的能力，工会组织在这场斗争中得到了纯洁和发展。

（五）超额完成“一五”计划

1953 年至 1957 年，我国执行了第一个五年计划。1953 年 7 月，军委民航局向空军报送了《五年计划纲要基本内容》，并于 1954 年 1 月由民航局正式下达文件。在民航职工的努力下，民航“一五”计划期间总体发展较快，超额完成了计划确定的各项主要指标。

“一五”计划期间，航空客货运量逐年增加，1957 年完成运输总周转量 1534 万吨公里、旅客运输量 6.9 万人次、货邮运量 7976 吨，与 1952 年相比，年均增长率分别为 28.7%、25.3% 和

31.3%。初步建立起以首都北京为中心的连接东北、华北、华东、中南、西南和西北地区的各主要城市的航线网。到1957年，有国内航线23条，通航城市36个，国际航线4条，通航国家3个，直接或间接与世界各国40多家航空公司建立了联运关系，国际、国内航线总长度达到26445公里，比1952年增长了一倍多，为“一五”计划的航线里程指标的107.3%。这一阶段，通用航空与运输航空呈现两翼齐飞的态势，1957年完成通航飞行1.04万小时，业务范围包括航空护林、航空摄影、航空探矿、防治农作物病虫害、抢险救灾等，与1952年相比，年均增长率为61%，在工农业生产和科学实验中发挥了重要作用。

基础建设方面，新中国成立后，民航先后接收和使用北京西郊、天津张贵庄、太原亲贤、石家庄、上海龙华、南京、武昌、郑州、安阳、昆明、保山11个机场，完成了天津张贵庄机场改扩建工程、太原亲贤机场修复工程。“一五”期间扩建了广州天河、武汉南湖、重庆白市驿、乌鲁木齐地窝堡4个主要基地机场，新建和恢复了和田、海口等29个民航站和导航点。到1957年底，我国民航有各型飞机118架，其中包括先后从苏联、捷克购置的各型飞机94架，在技术装备上进行了初步更新。与此同时，先后建立了天津和重庆飞机维护基地，成立了太原机械修理厂、上海机械修理分厂，后又建成民航一〇一厂、一〇二厂，颁布了《中国民用航空工程机务条例》，通过设备设施和技术力量的增加，具备了新增机型的维修能力。

三、民航工会工作的起步

（一）民航工会工作委员会的撤销与恢复

1953年至1956年国民经济恢复阶段，根据国家经济建设形势及任务变化的实际需要，全国总工会对部分产业工会的撤立进行了若干调整，民航工委经历了第一次撤销与重建。

为加强和改进对产业工会的领导，集中力量发展重点产业工会，使工会工作切实深入生产、深入群众、深入基层，1953 年 8 月 8 日，全国总工会七届执委会主席团二次全体会议通过了《关于加强产业工会的决定》，决定撤销民航工会、医务工会、金融工会、内河航运工会、地质工会等工作委员会和新闻出版印刷工会筹备委员会。10 月 1 日，民航工委及办公室撤销并停止办公，所属基层工会组织和其工作活动交由民航局政治部及其所属下级政治工作部门逐级负责领导。

在具体实施层面，民航局政治部与全国总工会在指导生产、宣传教育、安全检查、职工福利、工会业务等方面仍建立必要联系。民航局政治部及其所属下级政治工作部门逐级负责领导民航局所属各单位的基层工会组织（包括中苏民航股份公司在内）。原属于工会组织负责的生产工作、团结教育、职工文化、体育活动以及工会自身业务工作等，统一由民航局各级党组织和政治工作部门布置执行。民航局政治部对基层工会工作的领导，除直属单位的基层工会由政治部直接负责外，与其他各基层工会都不建立直接的领导关系。政治部不再另设组织机构领导基层工会工作，分别由其相关业务部门负责各项工会工作。

为完成并且争取提前完成“一五”计划目标，将各个产业工人组织联合起来促进生产建设，更好地发挥工会作用，1956 年 1 月 13 日，全国总工会七届四次执委会议作出关于加强产业工会工作的决议，决定部分国民经济部门职工在全国范围内按产业联合起来，恢复民航、地质、财政金融、医务等产业工会。此后，民航工委进入重建恢复阶段。

1956 年 11 月，按照全国总工会换发工会会员证的工作指示，民航系统进行会员证换发，在做好宣传发动的同时发展会员、建立会员管理制度，巩固扩大工会组织。这一举措为民航工委的恢复奠定了一定基础[①]。

1957 年 3 月，全国总工会书记处第 146 次会议决定苏林任民航工会工作委员会主任，李世瑄任秘书长，苏林、胡学瑗、陈子钊、华祝、高厚城、伍庆香、李世瑄、兰克夫、吴力 9 位同志为委员。经全国总工会同意，民航工会工作委员会于 1957 年 5 月 10 日正式恢复，下设办公室、组织、宣传、生产、保险生活、工资等指导员。

（二）加强思想文化教育

民航工委是在新中国民航建立和“两航”起义不久的情况下成立的，当时民航各个方面建设有大量工作要做。根据这一时期的实际情况，民航局党委为工会工作确定了重点试办、稳步发展的方针，工作重心之一是放在职工的政治思想教育改造上。

1950 年 5 月 1 日，中共中央在全党全军开展整风运动，民航系统随之发起整风学习，进行思想改造。经过半年多的整风学习，民航职工的政治觉悟明显提高，生活作风与思想作风明显转变，为日后民航政治思想文化教育工作的开展奠定了坚实的基础[②]。

---

① 以民航广州管理处换发工会会员证为例。广州管理处各站换发会员证工作始于 1959 年 12 月中旬，结束于 1960 年 2 月 20 日。“换证”工作对于工会的恢复有着极大的促进作用：一是通过“换证”使职工受到了较为深刻的关于工会性质、任务、作用和会员权利与义务的教育，纠正了长期存在的工会是“福利的组织”“可有可无”的糊涂认识和错误观点；二是通过“换证”提高了职工的觉悟，职工纷纷要求加入工会，由此扩大了工会组织；三是通过“换证”，各站工会初步建立了会员档案材料管理制度和会员转移关系手续制度，清理了欠缴的会费；四是在“换证”过程中，职工对工会过去的工作提出了批评和建议，使工会组织和干部对本身工作中的缺点和错误有了更为明确的了解，对于改进工会工作和工作作风有着极大的帮助。

② 这一时期，宏观的理论、政策教育由民航局党委负责，其他政治思想教育工作由民航工委负责。

1951 年 3 月，民航建立政治工作制度，开始在民航系统领导班子中配备政治委员，建立政治工作机构。民航局开办学校，在天津、广州、上海、重庆、昆明等地组织“两航”起义和留用人员开展思想政治轮训，并分三批共选派 100 多名到华北革命大学学习，培养和树立革命人生观。

1951 年至 1953 年，民航工会文教工作以职工政治思想教育为重点，结合理论政策教育、时事教育及思想教育，如整风、镇反、“三反”、土改法、婚姻法等，运用学习讲演会、学习比赛、墙报、黑板报、戏剧、广播、生产图表、漫画等多种方式，进行宣传发动和学习教育，尤其是在抗美援朝学习与生产的宣传中做了不少工作。根据当时飞行任务中发生事故情况，人民航空公司及各航站工会有力配合和响应民航局党委开展安全运动学习的号召，工会干部带头积极参加思想检查，广泛发动职工参与“安全立功运动”“安全飞行 10 万公里”竞赛活动，利用各种宣传方法进行教育启发，进一步在职工中明确了思想认识对保证安全飞行的重要意义，对保证生产任务的完成和广大职工思想政治觉悟的提高起到了推动作用。

同时，民航工委开展了一系列工会教育，各地工会职工和干部普遍学习了“反对工联主义倾向”“加强对于工人群众共产主义与共产党的教育”“五三工厂工会工作经验”等文件精神，有效提升了民航职工和工会干部对工人运动和工会性质的认识。

在文化教育方面，职工文化活动主要依靠职工俱乐部开展，并由工会领导。1950 年 11 月 7 日，成都站正式成立俱乐部，此后各级工会普遍建立了俱乐部，结合政治思想教育，开展了各种文化、娱乐活动，鼓舞和激励职工的生产热情。在民航工委撤销的三年间，按照民航局政治部的工作部署，职工文化活动并未停止，仍然由各单位俱乐部开展，丰富了职工文化生活，促进了职工身心健康。1952 年 10 月，民航局党委发布关于开展民航文化教育的决定，决定在民航系统内有组织、有领导、有计划地开展文化教育活动，消减文盲，逐步提高全体民航职工的文化水平。在民航局党委和民航工委的指导下，各级工会普遍组织了文化班或识字班，并在全民航系统掀起了学习文化的高潮，有力地消减了文盲，提高了职工的文化水平。

（三）开展劳动竞赛和合理化建议活动

1950 年，为提升职工的积极性与创造性，充分运用职工的知识、经验与智慧，使职工致力于发明、技术改进及合理化建议工作，促进国民经济发展，全国总工会召开全国工会生产工作会议，政务院颁发《关于奖励有关生产发明、技术改进及合理化建议的决定》，就开展合理化建议活动作出指示部署。民航工会落实工作要求，将劳动竞赛与合理化建议活动相结合开展。

在民航整编前①，民航的劳动竞赛与合理化建议活动主要集中在太原、上海、天津 3 个机械修理厂②，如民航第二机械修理厂（上海）工会开展向马恒昌小组应战的爱国主义生产竞赛，提

① 1952 年 5 月 7 日，政务院、中央军委《关于整编民用航空的决定》指出："为了统一航空事业的管理，有效地整理民用航空机构与合理地使用人力、物力，并使民用航空成为空军的后备力量"，特规定：原军委民航局改归空军建制。民航局的行政领导、党政工作、供应关系、技术业务等均直属空军司令部，但其名义仍用中央人民政府人民革命军事委员会民航局，以便对外联系；将民航行政管理机构和业务经营机构分开，改设民用航空局和人民航空公司。民航局应精简机构，成为民用航空事业的行政领导机关，人民航空公司为经营业务的机构，实行企业化；民航局所辖的修理厂、学校和机场分别做了划转。1952 年 7 月，民航实施整编。

② 新中国民航建立之初，由于航空器材和油料供应来源匮乏，即使按照"小飞"的经营方针，若没有维修力量，不仅无法保证飞行安全，也会在很大程度上影响航班的正常飞行。为此，军委民航局于 1951 年初成立了太原机械修理厂、军委民航局机械修理厂上海分厂和天津电讯修配所，后又改称民航第一、二、三修理厂，按专业分工，分别主要负责飞机发动机、飞机机身结构、航空仪表的维护和修理工作。

出合理化建议229件，推动该厂在1951年修复13架旧飞机；第三机械修理厂（天津）工会组织开展红旗竞赛，第一机械修理厂（太原）工会组织开展运输和保护器材工作竞赛。这些生产竞赛的开展，不仅确保了生产任务的圆满完成，还提升了各厂的工作效率与工作质量。与此同时，竞赛活动促进了职工之间的团结协作，使职工群众的主人翁意识得以增强。

整编后民航工会的生产工作转向飞行与机务等方面，劳动竞赛和合理化建议活动由此偏向飞行与机务。在中苏民航公司党委和工会领导下，飞行队、机务队、农林队等基层工会组织的合理化建议活动逐渐成为群众性活动。1952年9月至1953年6月，这一活动共提出合理化建议630件，被采纳197件。建议质量的显著提升，不仅提升了飞行安全，同时也提高了经济效益。例如，飞行队李克勇关于电台方位指示仪的创造，以及飞行队全体飞行员关于在飞行中利用风向有利高度航行等建议，不仅保证了飞机的飞行安全，还节省燃油创造了经济效益；昆明站厉锦祥养护小组积极参加飞行安全劳动竞赛，其间未发生过机件回航及延误起飞等情况，并超额完成“213”机拆件工作的计划。

1953年5月27日，民航局党委下发的《关于群众合理化建议和工作中的发明创造的管理决定》中规定，“关于今后群众性合理化建议工作的组织领导、处理方法和奖励制度等问题，由民航工会工作委员会作专门研究，起草具体实施办法和细则，经局党委审查批准后颁布实行”。但随着1953年8月民航工委的撤销，劳动竞赛及立功活动主要由基层工会组织开展。

1956年1月，全国总工会决定恢复民航工会。同年6月，根据党中央和全国总工会指示及全国先进生产者代表会议精神，民航局政治部发布关于深入开展社会主义竞赛和先进生产运动的指示，决定开展社会主义竞赛，以争取提前和超额完成民航第一个五年计划（1953年至1957年）。按照这一指示，民航广州管理局随即开展了两个月的社会主义竞赛，成绩显著。竞赛开展后迅速在各港、站铺开，群众情绪高昂，集体观念普遍加强，群众生产活动大为活跃。两个月期间，各站职工提出的合理化建议共141件，采纳实施的86件，占61%，报民航局处理的38件，未采纳的17件。在已采纳实施的建议中，如广州电台徐国雄建议改装丁-160发射灯丝电压以延长真空管寿命的建议，试行结果良好，不仅节省了资金，而且在全局有推广价值。采纳了油库梁培建议改进接收槽车抽油方法后，缩短了抽油时间，提高了工作效率。在合理化建议工作中，广州管理局各站都建立了合理化建议委员会（小站指定专人负责），规定了处理建议的办法程序和工作制度，还试行了对合理化建议的物质奖励办法。1956年7月，民航局政治部1955年工作总结中讲到，今后组织推广合理化建议及俱乐部等工作均应通过工会去做，贯彻政治工作群众路线的领导方法。

（四）全国英模大会和民航局首届先进生产者代表大会的召开

1950年9月25日至10月2日，全国战斗英雄代表和全国劳动模范代表会议（简称全国英模大会）在北京举行，共有887名劳动模范代表参加。民航参加全国英模大会的是从各民航办事处和“两航”留港员工中评选出的劳动模范代表，包括天津民航办事处武治发、广州民航办事处邓启汉、“两航”留港护产员工李继白。这是新中国民航首次评选出劳动模范代表参加全国英模大会。会上，毛泽东主席代表中共中央致词，号召全体党员和全国人民向劳动模范学习。会后，3位劳动模范按照民航局指示，到全国各民航站作巡回报告，转达大会情况及精神。全国英模大会召开后不久，华北民航于1951年3月16日召开第一届模范大会，评选出一等模范4名，二等模范4名，三等模范25名。在33名模范中，学习模范 7 名，劳动模范（包括妇联劳动模范）9 名，工作模范 17 名。

自 1951 年来，民航职工在生产和业务等工作上取得很大成就，在改造思想的学习过程中有显著进步。为巩固成绩，响应党中央增产节约号召，广泛热烈开展增产节约活动，鼓励职工在抗美援朝保家卫国运动中继续发扬爱国主义与革命英雄主义精神，1951 年 11 月 12 日，民航局、民航工会联合发布《关于评选 1951 年劳动模范的指示》，要求民航各分局、各直属基层单位按照指示分别组织开展 1951 年劳动模范评选，并对劳动模范标准、组织领导、评选程序、奖励办法等进行规定。

1956 年 4 月 2 日，民航局首届先进生产者代表大会在北京召开，126 名全国各民航单位推选出的先进生产者参加会议。毛泽东、刘少奇、周恩来、邓小平、彭真等中央领导同志亲切接见会议全体代表并合影留念。在接见过程中，毛泽东主席慰问了参加“两航”起义的黄琨和林立仁等代表，高度赞扬了他们为新中国民航事业作出的贡献。被接见的代表还有杜远礼、李秀昌、伍庆香、王竹报、杨斌等。

出席会议的先进生产者大都曾在安全航行方面成绩显著，对于民航事业发展有突出的贡献。飞行员杜远礼创造了连续 6 年安全飞行无事故的纪录；飞行员伍庆香一年内安全飞行了 29 万多公里，超额完成了国家规定的运输任务；工程师林立仁设计了保证安全飞行的特高频定向仪和安全 58-1 型仪表着陆设备，保证飞机在空中准确地测定方向，并且在夜间也可以安全地降落；还有工程师徐文良，由于他的建议，有 6 架已经报废的飞机经过改装重新投入使用，为国家节省了 22 万元。会上，民航局领导和各先进生产者总结交流了先进生产者代表们在保证安全飞行、节省飞机用油、提高飞机修理养护及通信设备维护和使用等各个方面的重要经验[①]。

（五）学习贯彻《工会法》和《劳动保险条例》

1950年6月29日，中央人民政府颁布《工会法》，这是新中国成立后颁布的第一部关于工会的法律。《工会法》对新中国工会的性质、组织原则、工会的权利与责任、工会基层组织、工会经费作出了规定，明确了工会职责是保护工人、职员群众利益，监督行政方面或资方切实执行政府法令所规定的劳动保护、劳动保险、工资支付标准、工厂卫生与技术安全规则以及其他有关的条例、指令等，改善工人、职员群众物质生活与文化生活的各种设施。《工会法》的制定和实施是对工人运动和工会发展的有益探索，为新中国工会建设和活动开展提供了法律依据与保障。

《工会法》制定颁布不久，为进一步保障职工的安全与健康，救济与减轻职工因突然灾害、疾病而造成的困难，1951年2月26日，周恩来总理签署颁布实施《劳动保险条例》，对职工的生、老、病、死、伤、残等实行保险，进一步鼓舞和调动了广大职工的生产积极性和主人翁的责任感。

民航各地区工会筹备委员会积极组织职工群众学习《工会法》，加强工会干部及职工群众教育。民航工委开办相关培训班，组织工会干部进行培训学习，并通过黑板报、广播等多种形式进行宣传，结合检查《工会法》在职工群众中的执行情况不断深化学习。从1953年起，中苏民航股份公司工会在全公司内广泛开展《工会法》《中国工会章程》《劳动保险条例》的学习。通过学习，职工们对工会有了初步的认识，为中苏民航股份公司工会工作的开展打下了基础。中苏民航股份公司和中央民航公司工会工

① 林千、邓有池主编：《中国民航大博览》（上卷），京华出版社2000年版，第360页。

作委员会在1953年5月签订了劳动保险合同，不仅解决了职工的医疗问题，也解决或减轻了职工生活中生、病、死、伤、残等特殊困难问题。之后，国务院六办和全国总工会均同意民航局各企业单位全面实行《劳动保险条例》。1956年8月22日，民航局政治部就各企业单位实行《劳动保险条例》准备工作发布通知，指出从9月1日开始各企业单位正式实行《劳动保险条例》。

按照要求，各单位着手做好准备工作。在工会基层委员会下建立和健全基层劳保组织，并将委员人选报民航局政治部及本地市工会备案。劳保委员会成立后，将劳保委员、小组干事等人员组织起来学习劳动保险工作的业务知识，在全体职工和干部中进行广泛宣传教育。在此过程中，着重说明劳动保险的意义和各项具体办法，还指出由于民航单位在实行劳动保险的一系列工作中经验较少，且当时民航工会的组织不够健全，基层工会应密切和地方工会的联系，争取地方工会给予指导和帮助。

民航工委未恢复期间，各企业单位的劳动保险金未能统一管理，导致各企业单位劳动保险金的管理制度不一致。民航工委恢复后，为统一各企业单位劳动保险的管理与使用制度并进一步加强劳动保险工作，经全国总工会函复批准，自1957年7月1日起，民航各企业单位的劳动保险金由民航工委垂直管理。1957年6月22日，民航局、民航工会联合发布《中国民用航空局所属企业劳动保险金暂行管理办法》①，规定了《劳动保险条例》实施范围、劳动保险金拨付及解缴办法、劳动保险金的使用范围以及劳动保险金管理的职责范围。

① 《中国工会运动史料全书》总编辑委员会编：《中国工会运动史料全书：民航卷》，中国民航出版社1998年版，第195页。

第六章
积极投身社会主义建设
（1956—1966）

社会主义制度基本确立起来以后，党领导全国各族人民进行了全面的大规模的社会主义建设，虽然经历曲折，但仍然取得了巨大成就。民航业也经历了“大跃进”期间盲目冒进遭受挫折，过渡期调整后进入稳步快速发展的过程。广大职工克服困难，积极投身保障安全生产、开展技术革新、执行重大飞行任务等工作，作出了显著成绩。

一、民航事业在起伏中向前发展

（一）确立民航工作指导方针

新中国民航事业从无到有，逐步发展，凝聚着老一辈无产阶级革命家的重视和关爱。毛泽东、刘少奇、周恩来等中央领导都对民航工作作出过许多重要指示或批示。1950 年，毛泽东主席签署发布《中华人民共和国飞行基本规则》，使民用航空器在中国领空内安全飞行有了规范。1950 年 4 月，刘少奇副主席为《人民空军》杂志创刊的题词中指出：“强大的人民中国，必须有强大的人民空军与民航事业。”① 周恩来总理一直亲自领导民航工作，在民航的组织建设、人才培养、管理体制、航线开辟、基础设施建设、保障安全、改进服务等各个方面，更是倾注了大量的心血。

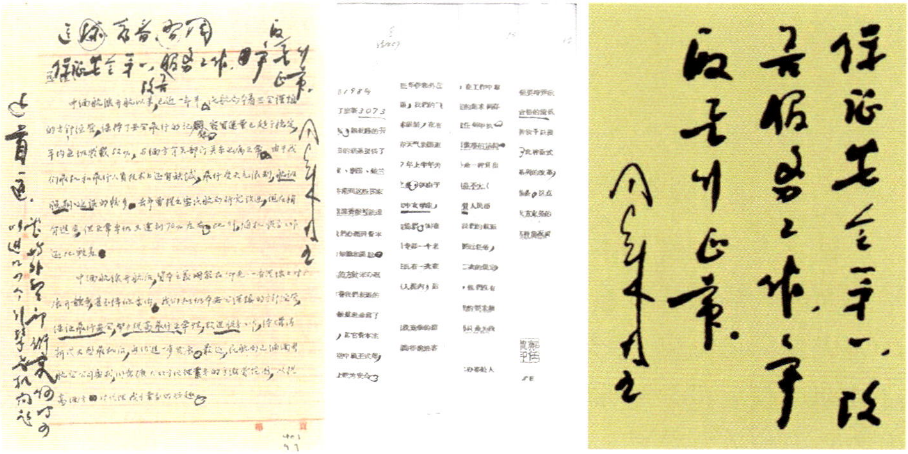

★ 1957 年 10 月 5 日，周恩来总理在民航局《中缅通航一周年情况报告》上的批示。

1956 年 4 月，中缅航线开通。在运营一年多后，1957 年 8 月 28 日，民航局向周恩来总理报告工作，其中提到曾发生航班脱期、延误问题。10 月 5 日，周恩来总理在民航局报告上批示：“保证安全第一，改善服务工作，争取飞行正常。”② 周恩来总理高瞻远瞩，对民航工作提出全面的本质性要求，揭示了航空运输的规律与特点，为刚刚起步的新中国民航指明了工作方向、原则、重点，民航广大干部职工深受鼓舞。自此，周恩来总理的重要批示成为民航发展的长期指导方针③。

---

① 李军编：《中国民航年谱（1949—2010）》，中国民航出版社 2012 年版，第 12 页。
② 李军编：《中国民航年谱（1949—2010）》，中国民航出版社 2012 年版，第 40 页。
③ 李军、林明华：《中国民用航空史》，中国民航出版社 2019 年版，第 75 页。

（二）“大跃进”中的盲目冒进

1958年，进入第二个五年计划时期。1月，中共中央召开南宁会议，提出国民经济全面“大跃进”。民航局3月编制的“二五”计划提出：本着“多、快、好、省”的勤俭建国方针，进一步发挥速度快、效率高、时间省的特点，大力进行技术革命，改善经营管理，以适应国民经济发展的需要，并为在15年内赶上世界先进技术水平奠定基础。当时提出了“运输航空四通八达”的要求，大力扩展国内航线，积极增辟国际航线，运输总周转量每年平均增长30%以上。为支持工农业生产，使用班机和包机承运了大量的农用物资，生产不计成本核算。

当年增加国内航线31条、新通航21个城市，运输总周转量、旅客运输量、货邮运输量分别比上年增长49.3%、80.3%和89.3%。1959年，仍然保持这种态势。1960年，上述三个生产指标分别为4045万吨公里、20.7万人次、31788吨，与1957年相比，年均增长率分别为38.2%、44.6%和58.5%。这种迅猛发展是不正常的，违背了客观规律①。由于增长速度过快，发展能力不够，1957年至1961年，民航飞行安全形势出现反复波动。

（三）调整过渡期间的稳步发展

由于“大跃进”期间的失误，国家经济面临巨大困难。1961年，中央提出了“调整、巩固、充实、提高”的八字方针。6月，民航总局发出《关于精简职工工作若干问题的通知》，各管理局、工厂和院校都进行了人员精简。与此同时，降低了生产指标，压缩了建设规模，从各方面厉行节约。1962年完成的航空运输总周转量、旅客运输量、货邮运输量分别比1960年下降36.8%、

① 李军、林明华：《中国民用航空史》，中国民航出版社2019年版，第69页。

18.4%和41.9%。1963年，国民经济进入过渡阶段，情况逐步好转，国家加大投入，促进航空运输的恢复与发展。其中，从沿海各大城市运往西南、西北地区支持“三线”建设的旅客数和货物量都有较大幅度增长。1964年扩建上海虹桥机场和广州白云机场后，与巴基斯坦通航。1965年，与印度尼西亚通航。1965年3月，开辟了北京—成都—拉萨航线。1965年，完成航空运输总周转量4662万吨公里、旅客运输量27.2万人次、货邮运输量27163吨，与1962年相比，年均增长率分别为22.1%、17.4%、13.7%；与1951年相比，年均增长率分别为20.3%、18.9%和22%。共有航线57条，里程39439公里，其中国内航线51条、里程34961公里，通航50个城市；国际航线6条、里程4475公里，通航5个国家①。

在这一期间，民航管理体制变动较为频繁，处在探索之中，多数时间实行政军、政企合一，以军队领导为主，一度实行政企分开，或归交通部领导，凸显了航空业管理的特殊性。

（四）民航工会工作委员会的再次撤销

1957年5月10日民航工会第一次恢复后，迅速开展组织建设、职工代表大会试点、社会主义劳动竞赛、先进生产者运动、增产节约运动、合理化建议等一系列工作，并召开民航工会代表会议，选举出席中国工会第八次全国代表大会代表。

1957年12月，中国工会第八次全国代表大会在北京举行。大会明确了工人阶级和工会在社会主义建设中的任务，并据此制定了正确的方针政策，指明了工人运动和工会工作的方向，具有重大而深远的意义。民航局政治部主任兼民航工委主任苏林作为民航工会代表在会上发言，介绍了民航发展及民航工会工作情况。

① 李军、林明华：《中国民用航空史》，中国民航出版社2019年版，第70—71页。

1958年3月8日至26日，中共中央在成都召开政治局扩大会议，会议通过了涉及工会工作的《关于工会组织问题的意见》，提出：为了便利工作，精简机构，更好地发挥工会在社会主义建设中的积极作用，各级工会组织应该以同级党委领导为主，同时接受上级工会的领导。产业工会组织应该作适当调整：或保留，或适当合并，或保留名义但实际成为各级工会的一个部门，或取消。

1958年4月，全国总工会召开八届三次主席团扩大会议，传达中央精神，讨论工会体制问题，提出产业工会调整的初步意见。1959年1月，全国总工会召开八届四次主席团扩大会议，通过了《关于全国总工会及各产业工会全国委员会的组织机构和组织制度的规定》，对各产业工会全国委员会组织机构进行调整，决定撤销民航工委①。

1960年5月5日，民航局政治部向全国总工会组织部请示报告，建议撤销民航各级工会组织，工厂除外。1960年8月22日，民航各级工会，除工厂外，正式撤销。工会撤销后，会员可以保留会籍。至此，民航工委经历短暂的恢复后，再次撤销。

工作恢复的三年多期间，民航工委在全国总工会与民航局党委的正确领导下开展了不少工作：在生产竞赛方面，建立起各级领导与评比组织，制订竞赛条例，举办了两次全局年度的评比会议，极大地鼓舞了群众的工作积极性；在生活福利方面，各企业单位实行了劳动保护条例，修建休养所，建立文娱体育组织，开

---

① 对产业工会全国委员会的调整如下：保留重工业、一机、煤矿、水利电力、石油、建筑、地质、纺织、轻工业、铁路、邮电、公路、海关、教育、财贸（原合作、商业、金融合并）、农林（农业工会全国委员会和林业工会筹备委员会合并为农林工会）等全国委员会。合作社工会筹备委员会、金融工会工作委员会撤销，其工作并入财政贸易工会全国委员会，盐业工会工作委员会撤销，其工作并入轻工业工会全国委员会，粮食工会工作委员会、民航工会工作委员会、外事工会工作委员会撤销。

展了文娱体育活动，组织推动了卫生运动。总体而言，各级工会组织以生产为中心，结合生活福利与政治思想教育，有效推动了安全生产及各项工作稳步向前。

第二次被撤销后，民航工委直至改革开放后才再次恢复。这一时期，职工思想、宣传以及竞赛组织工作均由民航各级党委及政治机关负责。

二、职工队伍的发展变化

（一）思想文化教育的发展

1957 年 4 月 27 日，中共中央发出《关于整风运动的指示》。民航局党委根据这一指示，在党员干部、职工群众中开展了整风运动，使得全体职工在政治思想和工作面貌上都发生深刻变化。坚持时事政策学习，对广大职工进行经常性的社会主义教育，加强日常思想教育和纪律教育，使广大职工认清形势，坚定正确政治方向，树立“安全第一”的思想以确保飞行安全，进一步增强信心，战胜困难。这一时期，民航各级党委和政治机关将提高职工的文化、技术水平作为经常性的战略性的政治任务，逐步普及中等教育，使一切有条件的人受到高等教育；对民航职工文化教育统一安排，制定长远规划，满足广大职工提高文化、技术水平的愿望，继续贯彻以在职业余学习为主的方针，不断进行思想动员，开展文化学习的群众运动，扫除文盲、半文盲，迅速提高职工文化水平。

除了思想文化教育，职工文化活动也开展较多。1959 年，民航湖南省局第二次正式恢复工会组织后，成立了业余文艺宣传队，职工的文化活动开展得十分活跃。宣传队以宣传党的路线、方针、政策和毛泽东思想为宗旨，自编自演了 20 多个节目，参加了湖南省交通系统和民航广州管理局的文艺汇演，并经常性地参加机场附近的一些机关、厂矿等单位的联欢活动。1960 年 4 月 7 日，中共兰州站党支部发动组织全体会员在开展文体活动等方面作出了显著成绩，有力地配合了各个时期中心任务的顺利完成。为迎接中国共产党成立 40 周年，各单位围绕着中心任务，在开展文艺活动方面，掀起轰轰烈烈、丰富多彩的群众运动，向党献礼。1960 年，民航各单位举行“七一”民航业余文艺会演，以检阅文体工作的成绩，推动文体活动进一步开展。

（二）院校的建设与调整

民航初建时，主要采取办培训班和送有关院校学习的形式进行人员培训。1950 年至 1951 年，民航局成立了 4 所航校，即第一民航学校、第二民航学校、第三民航学校、第四民航学校，分别设在重庆、天津、上海、北京。1952 年精简整编时，四所航校都划拨给其他部门。1955 年，根据新的发展需要，民航局在天津成立飞行训练大队。1956 年 5 月，中央军委批准民航局在四川省新津机场成立一所航空学校，番号为“中国人民解放军第十四航空学校”，该校于 1957 年 1 月 26 日正式开学，共招学员 1123 名，其中飞行学员 234 名、地勤学员 889 名，按 8 个技术分类，分 32 个教学班进行学习。

1958 年“大跃进”开始后，民航局加快成立训练机构，先将天津训练大队扩建为高级航空学校，随后在成都和柳州分别成立了第三航校和第四航校。1960 年 2 月，在北京筹建民航学院，随即开始招生。其间，中国人民解放军第十四航空学校（简称十四航校）扩编两个训练团，1960 年决定将其一分为二，十四航校专门培养空勤人员，在新津成立成都民航机械专科学校。至此，民航共建成了 6 所高等院校和中等院校。由于超出实际需要和发展能力，1961 年开始按国家的发展方针进行调整，保留基础较好的十四航校、高级航校和第四航校，其他院校均予撤销。1962 年和 1963 年再次进行调整，将空勤人员培训合并后，成立中国民航高级航校，校部设在四川广汉；地勤人员培训合并后，组成中国民航机械专科学校，校址在天津。1963 年 9 月经国务院批准，两所学校列入全国高等学校序列。1965 年，民航一〇一厂和一〇二厂各开办一所技术学校。据统计，民航院校在校生人数 1956 年为 429 人，1959 年最高为 2077 人，1965 年为 781 人，其中，十四航校 1959 年训练飞机达到 81 架，增加专任教师 139 名，招收飞行学员 1029 人①。至 1965 年，民航职工总数为 18449 人。

（三）空勤队伍的扩编

空勤队伍培养是民航职工队伍建设的重要方面。1949 年“两航”起义时，北飞人员有 43 名。1951 年，中苏民航公司代培两批飞行员共 26 名。1953 年，中国人民航空公司并入民航局后，其所属飞行队在天津扩编成立民航飞行大队，张瑞霭任大队长。全大队共有空勤人员 83 名。1955 年，空军又调给民航 50 多名飞行人员，之后，空军又陆续调入一些人员。中苏民航股份公司移交中国后，该公司中方飞行人员进入飞行大队。根据各地区民航发展需要，飞行人员分配到北京、上海、重庆、广州、乌鲁木齐民航管理处，组建为飞行队，其中在北京组建了飞行大队。至 1957 年初，民航飞行力量已发展为 2 个飞行大队和 6 个飞行队。1958 年，根据发展航空测量业务的需要，以民航专业航空队（已归北京管理局）为基础，整合技术力量，连同地质部、林业部、铁道部移交民航的飞机设备和飞行人员，组建了航测飞行大队。1958 年末，共有飞行人员 524 人。

1959 年，民航上海、广州、成都、兰州管理局分别组建了航

① 李军、林明华：《中国民用航空史》，中国民航出版社 2019 年版，第 86—87 页。

空运输和专业航空混合的飞行大队。1960 年，上海、广州管理局分设运输和专业飞行大队，成都、兰州管理局分离组建为专业飞行中队。至 1960 年底，民航共有 8 个飞行大队和 2 个飞行中队。“大跃进”期间招收飞行学员较多，1960 年飞行人员达到 1191 人，1962 年达到 1705 人。1963 年对飞行队伍进行第一次统一编制，共编成 14 个飞行大队和 2 个独立中队。1965 年，将民航北京管理局所属的飞行大队扩编为第一飞行总队，总队长刘崇福、政治委员马连奎，总队下辖 4 个飞行大队。第二年又将由北京移驻山西长治的航测飞行大队扩编为第二飞行总队，下辖 3 个飞行大队。至“文化大革命”开始前，民航飞行力量共有 2 个飞行总队、13 个飞行大队和 2 个独立飞行中队。1965 年末飞行人员总数为 1662 人①。

新中国成立初期，中苏民航公司和民航局的班机上不配备空中乘务员。1950 年 8 月民航开辟国内航线时，有 6 名“两航”的空中乘务员，后取消了这一职位。1952 年至 1955 年，民航局执行重要专包机任务，从地面职工中抽调人员负责空中服务。1952 年夏季，民航局经过筛选，从北京应届高中毕业生中共挑选出 16 名女学员，另从部队调入 2 名，成为中国民航招收的第一批正规的空中乘务员，被称为“十八姐妹”。1956 年，18 名空中乘务员完成培训分配到北京、广州、重庆和乌鲁木齐等管理处。这批乘务员中的康淑琴、王竹报后来担任民航北京管理局乘务大队的主要领导。1958 年至 1963 年，民航（总）局先后开办 3 期乘务员训练班，共培训 71 名专职乘务员②。1959 年，民航系统职工开始统一着装。1965 年末，共有乘务员 119 人。

① 李军、林明华：《中国民用航空史》，中国民航出版社 2019 年版，第 84—85 页。
② 李军、林明华：《中国民用航空史》，中国民航出版社 2019 年版，第 85—86 页。

“十八姐妹” 生活照

“十八姐妹” 中的 15 位姐妹制服照

★ 中国民航 1955 年招收的空中乘务员“十八姐妹”。

（四）参加全国群英大会

1959 年 10 月 26 日至 11 月 8 日，全国工业、交通运输、基本建设、财贸系统社会主义先进集体和先进生产者代表大会即“全国群英大会”在北京举行。朱德副主席代表中共中央致祝词，李富春副总理作题为《高举党的总路线的红旗 为社会主义建设事业的继续跃进而奋斗》的报告，薄一波、谭震林、李先念、陆定一、胡耀邦等发表讲话。民航系统有 8 名代表参加，分别是徐柏龄、马贵身、杨斌、李振林、汪大用、宋效举、罗长雅、射言[①]，他们都是民航系统中坚持党的领导、善于团结群众、创造优异工作成绩的典型代表。会议期间，杨斌代表民航提出倡议书，得到了全国总工会、解放军铁道兵等单位的热烈支持，徐柏龄当选为大会主席团成员。代表们受到中央领导的亲切接见。民航北京管理局运输飞行大队自 1958 年 7 月至 1959 年 11 月较好地完成了航班、重要专包机任务，保证了飞行安全，荣获了全国群英大会的奖旗。

① 这 8 名同志的基本情况如下：徐柏龄是一名青年机长，服从领导，遵守规章制度，好学上进，工作踏实，一年来从未出过差错事故，出色完成了航班飞行和专机飞行任务；马贵身是一名专业的飞行机长，能够克服困难，保证飞行安全，和群众打成一片，圆满地完成了 84 万多亩灭蝗任务；杨斌是北京管理局维修厂副厂长，埋头苦干，深入下层，关心群众，爱厂如家，工作中作出显著成绩；李振林是昆明航站调度主任，认真负责，积极钻研业务，努力培养新生力量，不断总结调度指挥工作经验，在调度指挥工作方面作出突出成绩；汪大用是广州管理局机务科技术革新能手，勇于克服困难，完成了许多技术革新项目，大大便利了机务检修工作；宋效举是飞机修理厂第四车间党支部书记，积极带头，发动群众，经常出色地完成重要突击任务，转变落后车间为红旗车间；罗长雅是兰州管理局气象台观测员，细致耐心，任劳任怨，不计较个人得失，连续两年保持了百分之百的优异工作成绩；射言是郑州站站长，坚决贯彻党的决议，认真执行上级指示，重视安全生产，一贯安心工作，刻苦学习业务。

三、民航职工保障安全生产

（一）积极参加飞行安全的反复整治

1959年1月1日，经中央批准，民航新的管理体制正式开始运行，各地区管理处改升为管理局，并成立省（自治区、直辖市）管理局。9月4日，周恩来总理在听取交通部部长王首道工作汇报时，针对民航接连发生飞行事故作出明确指示：“一定要保证飞行安全，不仅要保证数量，而且要保证质量。”[①] 民航局随即认真传达并积极贯彻周恩来总理的重要指示精神，大力加强安全工作。

1960年至1961年，民航飞行安全形势呈现反复波动的态势。据统计，两年共发生飞行事故19起，其中航空运输6起（一等事故1起、三等事故5起），通用航空13起（一等事故3起、二等事故1起、三等事故9起）。1960年，民航系统在开展整风过程中查摆了安全工作存在的问题。1961年1月，民航北京管理局按先期准备、飞行前准备、飞行实施、飞行后讲评“四个阶段”组织实施飞行。这一做法在全民航推广，成为保证安全的一项基本工作制度。7月29日，民航总局党委发出了《关于总结保证飞行安全经验和保证飞行安全工作的几点指示》，强调加强政治思想工作、认真贯彻党的路线和方针政策、坚持群众路线、大力提高技术水平、严格遵守规章制度，提出了加强安全工作的若干措施。同年10月11日至13日，民航总局党委召开二届六次会议作出部署，着重整顿飞行队伍，强调整顿的重点是专业飞行大队，要求对组织机构加以整顿，充实人员力量，建立规章制度和加强技术

① 李军编：《中国民航年谱（1949—2010）》，中国民航出版社2012年版，第47页。

训练。会后，民航总局和各地区管理局派出工作组，对各单位整顿工作进行指导与监督。

1960年代初期，民航总局为进一步加强安全工作，陆续提出了多项重要要求，如“建立工作职责和安全责任制”“一切工作和会议安排不得影响飞行安全和正常”“加强飞行安全组织讲评”“领导干部指挥飞行要把好三关（接受放行关、航线指挥关、起飞着陆关）”等。与此同时，民航总局高度重视法规制度建设，于1961年9月2日颁发《关于编写民航各种条令、条例、规章的规定》，该规定的出台对民航的业务建设发挥了重要作用，使民航安全工作逐步走向规范化与制度化。

1962年至1965年，民航安全形势有所好转。在保障飞行安全科研方面，取得了重大突破。中国民航科学研究所高级工程师林立仁主持研制的安全58-1型仪表着陆设备，具备在复杂气象条件下引导飞机安全着陆的性能，于1964年9月顺利通过国家技术鉴定，并荣获国家发明一等奖。该设备在民航机场使用后，为确保航班飞行的正常与安全提供了有力的技术支持，提升了民航在复杂气象条件下的运行保障能力。

（二）深入开展“六好”红旗竞赛

为响应党中央开展增产节约运动和在工业、交通、财贸、基建四大系统举办群英大会的号召，1959年4月底，民航局党委决定开展以安全生产为纲、以技术革新和技术革命为中心的“六好”红旗竞赛①。号召发出之后，竞赛运动迅速普及到民航各个单位。各管理局、省局、航校、航站等各级单位纷纷成立竞赛办公室，并发动群众制定了竞赛办法和规划。全体民航职工热烈响

① “六好”红旗竞赛的“六好”内容是：安全飞行好、增产节约好、服务质量好、技术革命好、政治思想好、执行红专规划好。

应，做好生产先锋。6月，民航局政治部根据民航局党委指示，召开了全局政工会议，专门总结与交流了两个月以来红旗竞赛的经验，推动全局竞赛进一步发展。截至1959年12月，持续开展8个多月的“六好”红旗竞赛推动民航在增加生产、安全飞行、技术革新、提高服务质量等方面取得了显著的成绩。

保证安全飞行方面，“六好”红旗竞赛在推动生产的同时也在全体职工中树立了处处为安全飞行着想的政治责任心。各单位在争取安全飞行的竞赛中获得优异成绩，积累了丰富的经验。民航北京管理局运输飞行大队在1959年第三季度末和第四季度的国庆专机飞行任务中，安全工作出色，胜利完成了大量的国庆旅客运输任务。武汉站定向台连续创造了11个月无差错事故的优良成绩。民航湖南省局自1959年开展红旗竞赛以来，在工作中提出很多安全措施。具体到各工种，机务科制定了更加严密的飞机故障检查措施；机场值班员主动到现场指挥飞机安全滑行，避免了车机相撞事故的发生；油料库坚持“三把关”，即把好油料入库关、把好油料出库关、把好生产安全关；油料载量做到“三不”，即不超载、不漏载、不延误。

推动技术革新方面，“六好”红旗竞赛中群众性的发明创造和技术革新大量涌现。据不完全统计，全局从1958年下半年至1959年上半年共有156项重要的技术革新项目，其中大部分是在红旗竞赛运动中完成的。例如，昆明站气象台预报组通过整理分析气象资料，制成了昆明地区“危险天气客观预报图解”，使危险天气的预报准确率达到94%；飞机修理厂设计并制成的播种机在专业飞行播树种和草种中获得了良好的效果；通信导航处试制成“报话两用机”，既提高了通信设备利用率，又为国家节约了大量资金。

提高服务质量方面，“六好”红旗竞赛中民航的服务质量不断提升。民航商务系统在红旗竞赛运动中实施一系列举措，实行送票上门、送货到门，飞机因天气延误帮助旅客购买火车票等，密切了旅客、货主与民航的关系，进一步改善了对旅客空中和地面的服务，旅客对民航服务的满意度显著提升。哈尔滨、汉口、酒泉等航站积极搞好地面服务，改善烹调技术，自制各种点心，获得旅客好评。

（三）掀起技术革新和技术革命运动高潮

随着国民经济的迅速发展，国家对民航各方面的要求更高了。以技术革新为基础增加运输力量，提升专业航空的作业能力，增强保证飞行安全的设备成为民航推动国民经济发展的关键。1959年“六好”红旗竞赛的开展推动民航的技术革新和技术革命取得了显著成绩，为1960年有组织、有计划、有步骤、有指导地开展群众性技术革新和技术革命奠定了基础。

1959年12月，民航局年度先进生产（工作）者代表大会提出：1960年，民航将继续广泛深入地开展群众性的技术革新和技术革命运动，尤其是要认真总结和推广技术革新的成果。为适应新机型的使用，各个业务部门应针对新机型的特点，不断提高技术水平，改善技术设备，以便提供更可靠的安全保证，在确保安全飞行的基础上，努力提高飞行正常性和飞机利用率，力争高产、优质、低耗，全面完成生产任务。要提倡实事求是、尊重科学的作风，每项重大的技术革新项目，都应首先提出课题，向群众交“底”，同时分出轻重缓急，长计划、短安排，采用领导干部、工人和技术人员三结合的办法进行研究，把技术革新和技术革命运动常态化起来。

根据中央指示，1960年全国各地开展了以机械化、半机械化、自动化、半自动化为中心的技术革新和技术革命的群众运动。在这一形势的推动下，民航技术革新和技术革命运动也蓬勃开展。截至1960年5月上旬，全民航共提出技术革新、技术革命项目

22812项，完成6191项，其中重大项目803项。从已完成的机务维修、通信导航、机场修建、装卸搬运等重点项目看，不仅提高了生产效率，节约了劳动力，创造与增加了各类技术设备，还大大提高了工作质量，解决了一些生产中的薄弱环节，改变了民航的生产面貌。

在机务维修方面，民航职工自制出了各种类型的非标准设备和专用测试检验设备，维护工作机械化、仪器化以及自动化、半自动化；在通信导航方面，民航各管理局创制和仿制出许多迫切需要的通信导航设备，如大型电子管试验器、指点标机、步谈机、示波器、改造电子管等；在装卸搬运方面，主要的干线机场装卸机械化已达80%，各地都出现了各种传送带、升降汽车滑板、小型起重机、滑轨、升降台、各型吊车、高货台、高货架、机场拖带小列车、车房内的板带运输机等，实现了几倍到几十倍的工作效率的提升，等等。

1960年6月，民航局党委印发《关于开展技术革新和技术革命群众运动的指示》，继续大力开展“六好”红旗竞赛运动，围绕确保飞行安全、改善服务工作、提升正常飞行，要求民航各单位要突出解决技术问题，包括迅速掌握与使用伊尔-18型涡轮螺旋桨飞机、雷达和盲降设备等新技术，全面推动飞行操作、调度指挥、气象预报、飞机维护、通信导航、机场建设与养护、油料供应、装卸设备、服务工作等方面的技术革新和技术革命；以发展农业航空技术为中心内容，积极发展直接为工农业生产服务的专业航空技术，全面提高专业航空的技术水平和劳动生产率。正是在这一指示下，这一时期民航技术革新和技术革命运动走向了高潮。

四、民航职工保障重大飞行任务

1952 年 8 月 15 日至 1953 年 7 月 20 日，从民航局派出飞机执行支援解放军进藏空投物资特殊飞行任务起，民航就把保障党和国家领导人专机、实施紧急救援等作为重大飞行任务，精心组织完成。

（一）圆满完成专机任务

1959 年中华人民共和国成立 10 周年大庆前夕，中央对民航专机工作提出要求。9 月，交通部部长王首道向民航局传达了周恩来总理的重要指示："要保证飞行安全，要保证服务质量，服务态度要好，要进行训练。卫生工作要搞好，不仅是机场，通往机场的公路也要搞干净。"① 民航局对专机工作作了认真部署。专机任务主要由民航北京管理局承担，该局成立了国庆节专机运输服务办公室，由局领导分别担任主任和副主任。参加新中国成立 10 周年庆典的有 87 个国家，国宾近 2000 名。有 78 个国家的代表团乘坐了中国民航的专机和班机。9 月 20 日至 10 月底，集中使用了空军和民航的 35 架飞机，共飞行 175 架次，专机共载运重要外宾及随员 2844 人次。外宾乘坐正常航班 92 架次，其中国际航班运送 1500 人次。民航在圆满完成国庆专机和其他运输服务工作的同时，还保障了大量外国飞机的飞行。

其中，首飞非洲对民航执行专机任务是一次重大的挑战，也是民航职工克服困难、积极作为的重要体现。1965 年 3 月 23 日，周恩来总理率代表团访问罗马尼亚，乘坐中国民航飞机由北京到达卡，然后乘坐巴基斯坦国际航空公司的飞机。飞行途中，周恩来

① 李军、林明华：《中国民用航空史》，中国民航出版社 2019 年版，第 82 页。

总理对随行的民航总局二局局长王建功说："中国民航不飞出去，就打不开局面。一定要飞出去，才能打开局面。"25日，周恩来总理又对中国驻罗马尼亚大使说："民航的同志应出来了解了解国际飞行的情况，中国民航的飞机要飞出去。"① 王建功当天将周恩来总理的重要指示电告国内，民航总局立即传达和研究贯彻。中国民航首飞非洲，最大的困难是当时我国在国际民航组织的席位尚未恢复，得不到国际民航组织相应的国际航行支持，与世界各国也不能相互交换资料，有关组织也不愿意向我国出售资料，同时也不能纳入国际民航组织组成的航空固定业务通信网。行前，周恩来总理对机组说："我们一定要飞出去，我和你们一起去实践。"这次专机飞行，经历了意想不到且惊心动魄的过程。当圆满结束访问回到首都机场时，周恩来总理高兴地对前来迎接的民航总局邝任农局长说："你们组织得很好，任务完成得很好。路是人走出来的，你们这一次不是走得很好嘛！"当年8月1日，民航总局发出通令，给执行此次专机任务的第一飞行大队伊尔-18型208机组记集体二等功、212机组记集体三等功②。

（二）执行紧急救援飞行

民航职工保障的紧急救援飞行任务涉及紧急运输、抢险救灾、医疗救援等。在经济困难时期，全国不断发生食物中毒事件，民航主要负责空投药品、运送病员任务。仅1960年就执飞多次紧急救援飞行任务。3月5日下午，河北省蔚县154名社员食物中毒，其中20人昏迷不醒，急需特效药抢救，民航局接到通知后立即组织了调机飞行，在黄昏前完成急救药品空投，使中毒人员全部得救，卫生部致函民航局表示感谢。3月11日深夜，浙江兰溪发生

① 李军、林明华：《中国民用航空史》，中国民航出版社2019年版，第80页。
② 李军、林明华：《中国民用航空史》，中国民航出版社2019年版，第80—81页。

了1000余人食物中毒事件，并已有60余名少年儿童死亡，民航立即将“亚甲蓝”药品运至衢州机场，并用汽车转运到兰溪，用于抢救病员。3月12日晚，又为江西余干县5000余名食物中毒的社员运送药品。6月3日晚，应湖北省政府要求，临时调用民航上海管理局在武汉经停的伊尔-14型飞机，为湖北天门县多宝湾发生中毒事件的161人空投急救药品。10月，为天水专区徽县107名中毒社员运送医生和药物，飞机到达目的地后由于能见度差不能空投，遂寻找场地进行迫降，将医生和药品及时送到。

★ 1960年代民航飞机为灾区装运粮食。

第七章
在曲折中推动民航发展
（1966—1978）

1966 年，“文化大革命”发生了。“文化大革命”期间，我国国民经济出现较大起伏，但在党和人民的共同努力下，各项工作在艰难中仍然取得了重要进展。在此期间，党和国家为了使民航保持相对稳定，改变了民航的管理体制，民航职工坚守岗位、坚持生产，在努力推动民航发展和服务国家外交大局中作出了贡献。

一、民航保持行业相对稳定

（一）军队接管民航

“文化大革命”开始后，国家针对民航发生的混乱苗头，及时实施军管的决定，3 年后又把民航全部纳入军队建制，基本保证了民航的正常运转。

1966 年 5 月 16 日，“民航文化革命小组”成立，由时任民航总局政委刘锦平任组长。从 1966 年下半年开始，民航学校停课、“造反派”冲击机场、殴打飞行员等情况出现。据《周恩来年谱》记载：周恩来总理获知此情后，“嘱秘书告吴法宪：应立即以国务院、中央军委的名义起草命令，宣布由军队接管（包括整个民航系统和所有机场、港站）。接管后，业务工作仍由原领导班子来搞”①。

1967 年 1 月 26 日，国务院、中央军委发出《关于民用航空系统由军队接管的命令》，分为 3 条：一是民航由军队接管，接管工作由空军组织实施；二是军队接管后，民航系统的“文化大革命”按军队系统的安排和做法进行；三是民航系统各单位的革命组织，对民航系统以外的革命组织，一律不进行串联。1 月 28 日，空军派出的军管组进驻民航总局，协助监督命令的执行。12 月 22 日，周恩来总理审阅并报送林彪转毛泽东主席批准发出了《关于民航系统文化大革命的通知》，规定了“民航系统以外的任何组织和个人不得干涉和插手民航系统的文化大革命”“民航系统内部各单位之间亦不要串联”“凡是冲击机场，在机场挑起斗殴、鸣枪、扰乱秩序、危害安全的行为，都要采取措施加以制止”等。

（二）纳入军队建制

1969 年 11 月 20 日，国务院、中央军委批准并转发了民航总局党委《关于进一步改革民航体制和制度的报告》，决定：民航划归中国人民解放军建制，成为空军的组成部分，各项制度按军队的执行；民航总局对外名称不变，仍为国务院直属局；民航各级机构的设置，按照空军机关、部队的组织形式进行相应的改革；民航实行义务工役制。12 月 1 日，空军司令部印发民航总局机构编制，分别设指挥部、政治部、后勤部，下设 26 个部、局、处、室。编制定员 339 人（不含工勤人员及附属单位）。北京、上海、广州、成都、兰州、沈阳 6 个地区管理局至基层单位也参照部队的组织形式进行了调整。同年，民航开始在北京市和河北衡水地区征招义务工 1200 人，这项制度执行到 1979 年，成为这一时期

---

① 中共中央文献研究室编：《周恩来年谱》（一九四九—一九七六 下卷），中央文献出版社 2020 年版，第 114 页。

民航人力资源的主要来源。

（三）受到干扰破坏

“文化大革命”期间，由于坚持以阶级斗争为纲，推行错误路线，民航系统一大批干部和知识分子受到打击迫害，干扰了民航安全生产和服务工作，民航干部职工队伍遭受创伤。

“文化大革命”期间，民航业发展受到挫折。尽管1966年至1977年，航空运输总周转量年平均增长率为13.3%，但“文化大革命”前期发展停滞，仅在后期开始恢复并发展较快。通用航空只有微小发展。在这一时期，民航基层工会组织也处于瘫痪状态，工会工作停滞。直到“文化大革命”后期才逐步恢复建立，如民航总局在1976年批复了民航一〇三厂恢复重建工会组织的请示。

二、民航职工努力推动民航发展

（一）航空运输艰难发展

“文化大革命”对民航事业造成了巨大冲击，但是民航职工仍旧坚持生产，竭力减少经济损失，航空运输经历了“三五”期间发展停滞、“四五”后期发展加快的起伏。

1966年，民航总局制订第三个五年计划，但是当时国民经济受到严重影响，民航发展“三五”计划未能完成。1970年，航空运输总周转量为4822万吨公里，略高于1965年，低于1966年，5年平均增长1.6%；旅客运输量由1965年的27.2万人次，下降到21.7万人次，年平均降低4.4%；货邮运输量年均增长6.3%。1970年业务收入比1965年低8.1%①。

① 李军、林明华：《中国民用航空史》，中国民航出版社2019年版，第104页。

从1971年开始，执行民航发展第四个五年计划，贯彻“抓革命、促生产、促工作、促战备”的方针，提出1971年至1975年，航空运输年均增长5%—8%。这一阶段航空运输发展加快，经济效益转好，主要是降低国内航线运价、国际业务得到拓展、恢复经济核算和开展整顿三方面因素所致。1974年至1975年，邓小平主持中央工作，对国民经济进行整顿，民航采取了相应措施。1974年，民航总局颁布《民航运输企业核算草案》，恢复“文化大革命”期间被取消的经济核算。这一时期，民航抓住时机，在旅客运输、机型引进、国内航线开辟等各项业务领域取得了重要的进展。

为扭转民航多年来依靠国家财政补贴的不正常局面，尽可能提高航空运力，增加收入，经国务院批准，从1971年3月起，国家机关工作人员乘坐飞机的限制放宽。这为国内航空运输提供了一个比较开放的国内市场，使当年的航空客运量迅速增长。1976年，民航旅客运输量达146.3万人次，比1970年增长5.7倍；全年完成总周转量达19242万吨公里，比1970年增长了2.8倍。

1971年至1973年，我国三次引进不同型号的客机25架。中国民航由此拥有大型、中型、小型运输飞机和相应的配套设备，能够较好地贯彻执行“内外结合、远近兼顾”的经营方针，为开辟更多的国内干线和拓展远程国际航线，实现“飞出去”的战略目标创设了技术物质条件。截至1976年，民航国内航线由1970年的67条增加到123条，通航里程从1970年的36247公里增加到56885公里，比1970年增加57%①。共有业务载重量约700吨，旅客座位约6600个。

（二）竭力保障飞行安全

“文化大革命”期间，周恩来等党和国家领导人对保证民航

① 《中国工会运动史料全书》总编辑委员会编：《中国工会运动史料全书：民航卷》，中国民航出版社1998年版，第348—351页。

安全高度关注，不断作出重要指示。民航系统对保证安全采取了一些措施，但安全形势一直不稳。1966 年至 1977 年，民航共发生一等、二等飞行事故 33 起。其中运输飞行共发生一等、二等事故 7 起，百万飞行小时事故率为 8. 9%；通用航空共发生一等、二等事故 26 起。

1973 年 9 月 9 日凌晨，巴基斯坦航空公司一架波音 707 型飞机从北京首都机场起飞前往卡拉奇。飞机上载有亚洲各国体育代表团和一个外国政府代表团，旅客和机组人员共 138 人。飞机起飞 3 分钟后第三发动机突然失火，机长紧急报告首都机场塔台，要求立即返航，并放掉 18 吨燃油，以减轻着陆重量。塔台管制员张明亮立即向民航北京管理局值班领导报告，管理局向民航总局报告，民航总局报告空军，空军又报总参，共经过 16 道关口，没有人拍板决断。在万分紧急的情况下，张明亮报告在家休息的民航总局副局长兼北京管理局局长张瑞蔼。张瑞蔼果断决定，同意空中放油，并立即赶赴现场组织准备应急保障和救援。巴航飞机盘旋了 33 分钟之后，终于在北山区域 3000 米高空放油后返回首都机场安全降落。10 日 1 时 30 分，周恩来总理在人民大会堂西大厅召开紧急会议，表扬了张瑞蔼，对有关当事人进行了严肃批评。会议确定在民航各大机场划定空中放油区，并将此事通报全国。民航系统从中吸取教训，重视加强民航管理。

1974 年 2 月 24 日，周恩来总理和李先念副总理对民航发生飞行事故征候反映作出批示，要求查清问题。11 月 28 日，邓小平副总理对民航总局执行外国领导人专机的报告批示："民航领导人应亲自检查，保证安全。过去民航马虎松懈的事不少，值得警惕。"① 1977 年 4 月，邓小平在与民航总局领导同志谈话中，批驳把抓安全服务工作污蔑为唯生产力论，强调贯彻周恩来总理"保

① 李军、林明华：《中国民用航空史》，中国民航出版社 2019 年版，第 108 页。

证安全第一，改善服务工作，争取飞行正常”的重要指示。8 月，民航总局党委作出《关于认真贯彻周恩来总理“保证安全第一，改善服务工作，争取飞行正常”重要指示的决定》，使安全和服务工作逐步回到正确轨道。

★ 1976 年，民航北京管理局召开唐山抗震救灾总结授奖大会。

（三）完成部分机场建设工程

为适应大型喷气客机的采用、满足国内外航线开辟的需要，国家对民航基础建设投资增大，需要加强机场建设。1966 年初，北京首都机场扩建工程开工，周恩来总理曾在首都机场专门听取汇报，并审看工程平面图和航站楼扩建模型，提出重要意见。扩建工程年内竣工。同年，拉萨机场建设完成，重庆白市驿机场、桂林奇峰岭机场、呼和浩特白塔机场候机楼扩建完成。

1968 年 1 月至 1970 年 7 月完成兰州中川机场建设，1971 年 7 月完成山西太原武宿机场扩建，1973 年 4 月大连周水子机场扩建，同年扩建天津张贵庄机场，1974 年 9 月批准扩建北京首都机场跑道和航站区，1975 年 5 月西昌青山机场建成，1977 年 12 月合肥骆岗机场竣工。这一阶段，先后有乌兰浩特、丽江、库尔勒、铜仁、汕头、林西、大寨、庆阳等机场新建或改扩建开航[①]。

（四）执行重大抢险救灾任务

经周恩来总理批准，1974 年 7 月 17 日至 9 月 1 日，民航派出 2 架飞机执行乌鲁木齐至和田紧急物资的空运任务，共飞行 64 架次，运输物资 1500 多吨，其中，日用百货 1018 吨，粮食 420 吨，邮件 100 吨。1975 年 8 月 4 日至 8 日，受台风影响，河南省驻马店、许昌、周口、南阳以及安徽省合肥、阜南等地出现罕见的特大暴雨，造成洪水灾害，500 多万人受灾，100 万人被洪水围困 1 周以上，伤亡 10. 26 万人，交通中断 1 个月。民航总局先后从广州、北京、成都、上海管理局调集 27 架飞机，执行抢运空投救灾物资、视察灾区水情（包括飞机航拍）、散发慰问信、喷洒药物预防疫情发生等任务。8 月 8 日至 26 日，共在灾区空投飞行 847 架次，空投救灾物资 800 吨，疏运受阻旅客 18422 人。1976 年 5 月 29 日，云南省西部地区龙陵、潞西一带发生强烈地震，民航成都管理局出动 2 架飞机，先后飞行 182 架次，抢运救灾人员 246 人，运送救灾物资 305 吨。1976 年 7 月 28 日，河北省唐山地区发生 7. 8 级强烈地震，民航在 1 个月内共调集飞机 45 架，飞行 673 架次，运送伤员和医护人员 4222 人，各种救灾物资 835 吨，为输送旅客安排加班飞行 146 架次，疏运受灾群众 1 万余人。在抗洪、

---

① 李军、林明华：《中国民用航空史》，中国民航出版社 2019 年版，第 115—116 页。

抗震救灾中，涌现了一批先进集体和模范人物，受到表彰奖励。

除了执行上述抗洪、抗震救灾等飞行任务外，在1966年黑龙江虫灾蔓延、邢台地震和皖西洪涝、江苏和安徽部分地区农田施肥，1967年江苏省新沂、宿迁、泗洪等地严重蝗灾，1969年内蒙古草原鼠害等执飞任务中，民航都发挥了重要的作用。

三、民航职工服务国际交往

（一）加入国际民航组织

1971年10月，中华人民共和国在联合国的合法权益得以恢复，与我国建交的国家增多，国际关系发生重大变化。11月19日，国际民航组织第74届理事会第16次会议研究联合国大会的2758号决议对国际民航组织的影响。会议以20票赞成、2票反对、8票弃权通过决议，承认中华人民共和国的代表为中国在国际民航组织中的唯一合法代表。宣布这一决定后，台湾代表即退出。根据周恩来总理“应该参加国际民航组织”的指示，1973年11月，民航总局邀请国际民航组织理事会主席华尔特·毕纳吉访华，商谈双方关系问题。

1974年2月15日，中国政府决定承认1944年《国际民用航空公约》和有关修正议定书，并决定自即日起参加国际民航组织的活动。4月26日至29日，国际民航组织秘书长阿沙德·柯台特应邀访问中国，就此进行会谈。9月24日至10月15日，国际民航组织第21届大会在加拿大蒙特利尔举行，中国代表团参加大会，对国际民航发展中考虑第三世界关切，建立平等的、公平的、合理的国际民航新秩序发表了意见。会上，中国当选为理事国，任期3年。这是中华人民共和国第一次出席这个组织的大会并进入其领导机构。11月23日，国务院批准何凤元为第一任常驻国际民航组织理事会代表，在加拿大蒙特利尔设立了代表处。1977年9月，国际民航组织第22届大会召开，我国再次当选为理事国。

（二）开辟国际航线

1950年代，民航发展基础较差，开辟的航线只有周边几个国家，但中国民航一直在为“飞出去”积蓄力量。1965年，成功执行国家领导人出访的远程专机飞行任务，但是还没有开辟越洋国际航线。随着国际形势的变化和我国国际地位的提高，对外交往日益增多。1972年12月3日，周恩来总理召集外交部、外贸部、三机部、总参、空军和民航总局负责人开会，研究开辟北京—巴黎航线和首都机场对外开放问题。周恩来总理指示：“要有雄心壮志，建交的国家越来越多，人员来往多，政治上要动员，人员要训练，要掌握国际通航知识，体制要改革，要向发展方向设想。”①

在周恩来总理的亲切关怀和国务院各有关部委的大力支持与协作下，开辟远程国际航线工作得以顺利进行。遵照周恩来总理的指示精神，民航总局招收了200余名女性乘务员。1973年，先后与意大利、挪威、丹麦、希腊、瑞典、加拿大、瑞士7个国家签订了《民用航空运输协定》。与苏联就中方航线延伸到莫斯科达成协议。1974年4月，与日本签订了《民用航空运输协定》。民航以“积极准备开辟新航线，合理调整现有航线，团结第三世界，争取第二世界，反对两霸”为指导思想，积极准备各项工作，尤其是增加运力、购置可作远程飞行的大型客机②。大批新机型的采用，使我国民航初步具备了开辟远程国际航线的物质技

① 李军、林明华：《中国民用航空史》，中国民航出版社2019年版，第110—111页。
② 《中国工会运动史料全书》总编辑委员会编：《中国工会运动史料全书：民航卷》，中国民航出版社1998年版，第347页。

术条件，实现了1974年“飞出去”的目标。

随着航线布局结构的变化，国内航空运输业务与国际航空运输业务的比例发生了很大变化。到1976年底，中国民航的国际航线已发展到8条，通航里程40933公里，占通航里程总数的41%；国际运输总周转量达到3948万吨公里，比1970年增长23倍多，由占全部运输总周转量的3%上升到21%；国际航线旅客周转量为30053万人公里，较1970年增加33倍；所载运的旅客和货物、邮件，分别比1970年增长将近6倍和1.5倍[①]。中国民航的双边关系和国际航空局面日益打开，民航职工积极地参与到保障国际航空运输的工作当中。

（三）服务专机保障

1970年5月25日，周恩来总理在首都机场迎接从金边撤回的中国驻柬埔寨使馆人员，检查专机工作并作出指示。民航总局党委认真贯彻周恩来总理的重要指示，成立专机工作领导小组，并及时作出报告。6月9日，周恩来总理批示：“民航局的同志，不论空中和地面，在工作上，历来是做得好的，缺点只是一个指头的问题。只要他们负责认真去做，这点缺点也会去掉的。”[②]

1971年，国家外交活动频繁，民航职工先后执行了我国领导人出访越南、朝鲜、阿尔巴尼亚、罗马尼亚的专机任务，以及柬埔寨、罗马尼亚、新西兰、巴基斯坦、缅甸、越南、埃塞俄比亚、阿联酋等国家和有关政党领导人在华访问的专机任务，特别是为改善中美关系，实现中日邦交正常化提供了有力的保障工作。

1972年，民航顺利完成前来访华的美国总统尼克松代表团在中国境内的专机任务。民航第一飞行总队和空军共派出伊尔-18

① 《中国工会运动史料全书》总编辑委员会编：《中国工会运动史料全书：民航卷》，中国民航出版社1998年版，第348页。

② 李军、林明华：《中国民用航空史》，中国民航出版社2019年版，第112页。

型飞机6架和子爵号型飞机1架。总领队为民航北京管理局局长张瑞霭，副领队为第一飞行总队总队长徐柏龄，机长有袁桃园、曲延绍等。2月27日，伊尔-18型216号飞机在上海虹桥机场落地后，尼克松竖起大拇指对周恩来总理说：“飞得很好！服务也好。”周恩来总理说：“这是我们自己培养的飞行员，我很信任他们。”同年9月，日本首相田中角荣访问中国，境内专机任务由民航第一飞行总队承担。民航派出伊尔-18型和伊尔-62型飞机各2架，由民航北京管理局副局长刘崇福领队，主机为伊尔-18型208号飞机，机长龚建华。在民航职工的保障下，此次专机任务圆满完成。1974年，民航又多次执行重要专机任务①。

① 李军、林明华：《中国民用航空史》，中国民航出版社2019年版，第112—114页。

第三编

改革开放和社会主义现代化建设新时期的民航工人运动（1978—2012）

党的十一届三中全会的胜利召开，标志着粉碎“四人帮”后党和国家工作在徘徊中前进局面的结束。全会重新确立马克思主义的思想路线、政治路线、组织路线，实现了新中国成立以来党的历史上具有深远意义的伟大转折，开启了我国改革开放和社会主义现代化建设的新时期。中国民航进入改革开放蓬勃发展的新时期，中国民航工人运动也进入了新的发展阶段。在党的领导下，民航工会团结动员广大职工充分发挥主力军作用，积极投身经济建设和改革开放大潮，推动民航业持续快速发展。

第八章

在改革开放中开拓奋进

（1978—1992）

1980年，党中央、国务院实行民航管理体制改革，民航开始走上企业化道路。在此背景下，民航工会再次恢复，广泛开展职工思想政治和文化教育，组织职工积极参与企业民主管理、劳动竞赛、合理化建议、权益维护等工作，用实际行动书写民航工人运动与工会工作的新篇章。

一、在改革开放初期有序恢复

以党的十一届三中全会和此前不久召开的中国工会九大为标志，中国工人运动进入新的历史时期，中国工运事业和工会工作得到恢复和发展。在这一历史潮流中，在民航踏上企业化改革的征程中，民航工会组织和工会工作也逐步恢复并实现发展，为新时期民航工人运动和民航事业新发展奠定了基础。

（一）民航工会组织的恢复与筹备

1978年党的十一届三中全会后，在党中央的领导下，各级工会组织开展了拨乱反正工作。邓小平代表中共中央和国务院在中国工会九大上的致词，贯彻了全心全意依靠工人阶级、工人阶级要为实现社会主义现代化作出优异贡献，工会要自觉接受党的领导、更好地代表和维护职工群众利益的中心思想，为开创新时期工会工作新局面指明了前进方向。中国工会九大明确工会工作要团结、教育、吸引职工不断提高政治觉悟，掌握现代科学技术，积极参加管理，广泛开展社会主义劳动竞赛，努力提高劳动生产率，并在发展生产的基础上逐步改善职工群众的物质文化生活。

党的十一届三中全会对中国工人运动和工会工作的发展产生了重大而深远的影响，指引中国工人运动和工会工作端正了方向、明确了中心。1979 年 2 月 9 日至 3 月 10 日，民航总局党委五届九次全体（扩大）会议对民航改革问题进行讨论。1980 年 2 月 14 日，邓小平听取民航总局负责人汇报后指出，“民航一定要企业化，这个方针已经定了”①。由此，拉开了民航第一轮改革的序幕。1980 年 3 月，国务院、中央军委先后下发《关于民航总局不再由空军代管的通知》《关于民航管理体制若干问题的决定》，明确民航总局是管理民航事业的行政机构，归属国务院直接领导，逐步实现企业化管理。

为适应民航企业化改革需要，民航总局党委、全国总工会党组决定恢复民航工会。1981 年 5 月 11 日，民航工会筹备组向民航总局党委报送《关于恢复民航工会组织的报告》。6 月 6 日，民航总局党委向全国总工会党组报送《关于恢复民航系统的工会组织和成立工会筹备组的报告》。6 月 15 日，全国总工会党组同意成立民航工会筹备组，逐步恢复建立民航系统工会组织。6 月 27 日，民航总局党委发布《关于成立工会筹备组和召开工会筹备工作会议的通知》。8 月 5 日至 7 日，民航工会筹备组召开第一次筹备工作会议，传达全国总工会党组的批复和民航总局党委 6 月 27 日的通知精神。10 月 25 日至 11 月 1 日，民航工会筹备组召开第二次筹备工作会议，宣布恢复民航工会工作委员会。自此，民航

---

① 李军、林明华：《中国民用航空史》，中国民航出版社 2019 年版，第 119 页。

工会恢复工作由筹备阶段进入建立工会工作委员会阶段。11月19日，经民航总局党委常委讨论并报全国总工会党组批准，民航工会工作委员会由18名同志组成，周应冀任副主任兼秘书长，王华元任副主任。1982年3月29日至31日，民航工会工作委员会召开第一次会议，宣布经民航总局党委常委决定，由7名同志组成民航工会工作委员会常务委员会，付温恭主持工作，由7名同志组成经费审查委员会。

1982年1月至9月，民航工委先后批复各管理局和民航学院等八家单位组成工会委员会，至1982年底，各管理局和民航学院工会组织基本恢复和建立。各单位工会委员会成立的详细情况见表2：

表2　民航各管理局和民航学院等各单位组成工会委员会情况汇总表（1982年）①

各单位工会委员会	成立时间	工会委员会成员
民航沈阳管理局工会工作委员会	1月30日	赵川等17名同志组成
民航北京管理局工会工作委员会	2月8日	刘纪民等28名同志组成
民航广州管理局工会工作委员会	3月1日	华龙毅等14名同志组成
民航上海管理局工会工作委员会	3月12日	田步云等11名同志组成
民航成都管理局工会工作委员会	6月18日	袁超等13名同志组成
民航兰州管理局工会工作委员会	6月23日	赵玉善等19名同志组成
民航学院工会委员会	1月30日	黄学存等14名同志组成
民航飞行专科学校工会委员会	9月6日	杨海福等19名同志组成

在民航各级工会的恢复与筹备过程中，民航工会会员规模不断扩大。据不完全统计，各单位应入会职工36227人，新发展会

① 《中国工会运动史料全书》总编辑委员会编：《中国工会运动史料全书：民航卷》，中国民航出版社1998年版，第395—396页。

员 28712 人，恢复老会员会籍 5596 人，占应入会职工总数的 94.7%；成立各级工会委员会 742 个，工会小组 3227 个①。

（二）工会工作在恢复中发展

在民航工会的动员和组织下，民航职工围绕民航体制改革、民航对外开放、飞行安全波动治理、教育培训能力提升等工作，推动民航工人运动和工会工作在恢复中发展。

1982 年 3 月，民航工委第一次会议提出，围绕党中央“把国民经济搞上去，把精神文明搞上去”两大目标开展工会工作，充分发挥职工当家作主的积极性，搞好民航企业化建设，做好四方面工作：加强职工思想政治工作，建设社会主义精神文明；恢复和建立职工代表大会制度，搞好企业化民主管理；开展“安全、正常、服务好”的社会主义劳动竞赛，保证完成和超额完成生产与训练任务；加强工会自身建设等工作。

1. 提高职工政治素质和文化素质

改革开放初期，民航职工队伍素质还不足以适应民航快速发展和现代化建设的需求。因此，加强职工特别是青年职工思想政治和文化教育，努力提高职工素质，培养和造就一支有理想、有道德、有文化、有纪律的“四有”职工队伍，成为加强民航职工队伍建设的重要内容。

开展爱国主义教育和工人阶级主人翁责任感教育。各单位工会积极教育和引导职工坚决贯彻党的十一届三中全会以来的路线、方针、政策，坚持四项基本原则，用《关于建国以来党的若干历史问题的决议》统一思想，在政治上和党中央保持一致。通过深化勤俭建国、以厂为家、忠于职守的理念教育，强化职工的主人

---

① 《中国工会运动史料全书》总编辑委员会编：《中国工会运动史料全书：民航卷》，中国民航出版社 1998 年版，第 397 页。

翁责任感。

开展社会主义精神文明活动。推动“五讲四美”[①] 活动更加常态化、制度化，树立为旅客服务的思想，提高运输服务质量。1982 年 2 月 12 日，民航总局政治部、民航工委、民航临时团委、民航总局运输服务局印发《关于在民航运输服务系统开展“全民文明礼貌月”活动的意见》，随后，民航总局成立“全民文明礼貌月”领导小组，在 3 月开展第一个“文明礼貌月”活动，引领民航职工在社会主义精神文明建设中发挥应有的作用。

开展职业道德教育。1982 年 5 月 2 日，在全国劳动模范和先进人物代表座谈会上，与会代表向全国职工发出倡议，号召共同遵守《全国职工守则》。守则一经发布，便迅速得到民航职工的积极响应。上海管理局政治部、工会联合发文，全面贯彻落实《全国职工守则》，推动职业道德建设不断向前发展；沈阳管理局工会印发通知，号召职工认真学习贯彻《全国职工守则》《企业职工奖惩条例》，掀起比学赶超的热潮。

开展职工文化教育。1982 年，根据中共中央、国务院《关于加强职工教育工作的决定》以及全国职工教育管理委员会等五个部门《关于切实搞好青壮年职工文化、技术补课工作的联合通知》，民航各单位工会适应民航事业发展需要，顺应干部职工要求，开办英语夜校，举办读书活动，加强职工文化教育与技术补课，提高职工文化素质。例如，广州管理局工会为青壮年职工组织英语夜校和初中文化补课等业余培训活动；上海管理局工会组织开展职工读书活动，吸引并指导职工阅读健康有益的书籍，树立起以振兴中华为己任的高尚理想。

---

① 五讲指的是“讲文明、讲礼貌、讲卫生、讲秩序、讲道德”，四美指的是“心灵美、语言美、行为美、环境美”。

2. 开展建立职工代表大会制度试点工作

党的十一届三中全会以来，党中央、国务院和全国总工会高度重视恢复发展企业民主管理工作。普遍推行和完善职代会制度是实行企业管理民主化的重要步骤，也是发展社会主义基层民主的重要措施。1981 年 5 月底至 6 月初，全国总工会、国家经济委员会、中央组织部等召开全国第一次企业民主管理座谈会，制定《国营工业企业职工代表大会暂行条例（草案）》。7 月，中共中央、国务院转发该条例，并要求国营工业企业要有准备地、切实地把职工代表大会制度建立起来。此后，民航工委开始在企事业单位恢复职工代表大会制度。

1981 年 12 月，民航工委和民航北京管理局工会选取民主管理经验较为丰富的北京维修基地进行试点①。1982 年 3 月，民航工委第一次会议重点讨论建立职工代表大会制度问题，明确通过试点逐步建立起职工代表大会制度。6 月，民航总局党委转发民航工委起草的《关于民航建立职工代表大会制试点工作意见》，决定从上海、广州、沈阳、兰州、成都管理局各选择一个大队级单位，进行试点工作。

在试点工作中，各单位工会通过推行企业民主管理、建立职代会制度，协助党委做深入细致的群众工作，向职工群众宣传解释企业民主管理和推行职代会制度的重要意义。同时，积极抓好职工代表队伍建设，帮助职工代表保持同群众的联系，不断提高其政策水平，掌握企业管理知识。1982 年 6 月，民航工委举办民航企业民主管理研究班，邀请全国总工会组织部、国际部等部门工会干部授课，并邀请北京特钢厂工会交流民主管理经验，为各管理局、工厂及试点单位提供宝贵的借鉴与启示。

---

① 1957 年 5 月，民航工委在民航北京飞机修理厂推行职代会试点工作。

3. 开展“安全、正常、服务好”百日竞赛

为了紧跟全党全国工作重心的战略转移，抓紧实现工人运动和工会工作的转变，以适应新形势发展的要求，1979 年 2 月，全国总工会九届二次常委（扩大）会议通过《关于加强安定团结，广泛深入地开展增产节约运动的决议》，指出为实现增产节约，需社会主义劳动竞赛深入扎实地开展下去，以取得显著的经济效果。10 月，全国总工会九届二次执委（扩大）会议提出，要进一步开展以高产、多品种、低消耗和安全生产为主要内容的增产节约劳动竞赛，形成人人为“四化”争作贡献的热潮。

这一时期，民航工会尚未恢复成立，行业工会工作在民航总局党委政治部领导下开展。1980 年 5 月 29 日，民航总局党委印发《关于开展“安全、正常、服务好”百日竞赛活动的通知》，决定从 7 月 1 日至 10 月 10 日由民航各管理局、工厂、学校和总局局直单位组织开展各类百日竞赛活动，进一步搞好安全生产、文明生产，提高飞行正常性和服务工作质量，实现“双增双节”（增产节约、增收节支）。民航职工积极参与竞赛活动，从中涌现出一批先进单位和个人。1981 年 1 月，民航总局召开表彰大会，77 个单位和 136 人受到表彰。表彰掀起了比学赶帮超热潮，激发了民航职工的主人翁责任感和生产积极性，促进了安全生产与训练任务的完成。在百日竞赛活动基础上，全行业继续在 1981 年和 1982 年开展各类竞赛活动，推动竞赛深入持久开展。1981 年全年保证了运输飞行安全，航班正常率提高 4.4%。

4. 加强工会自身建设

民航工委及各单位工会通过优化干部选配与培训机制、完善工会工作制度及恢复并强化工会财务管理等，不断加强工会自身建设。各单位工会加强干部选配，为省（区）局、大队选配专职工会主席，并开展工会干部培训，促进工会干部丰富工会知识，

提升工作能力。同时，着重完善工会工作制度，特别是工会财务制度。

1981 年 12 月，民航工委、民航总局财务局印发《关于恢复民航企业、单位、机关的行政方面拨交工会经费的通知》。1982 年 1 月，民航工委召开财务工作会议，传达全国工会财务工作会议精神及《关于加强工会财务工作若干问题的决定》《关于工会财务民主管理的暂行规定》《关于基层工会经费使用原则、开支范围试行规定》等规章制度，并于 2 月印发《关于认真贯彻执行全总颁发的几项财务制度的通知》。

（三）民航职工在改革开放初期的贡献

乘着改革开放的春风，在民航职工的共同努力下，民航业在短时间内迅速恢复，取得一系列成绩。截至 1982 年底，共开辟航线 199 条，其中国内航线 171 条、国际航线 21 条、地区航线 7 条，通达国内外城市 99 个①。1978 年至 1982 年，完成旅客运输量 1718. 5 万人，货邮运输量 42. 8 万吨，年平均增长率分别为 22. 5%和 14. 2%。民航服务能力不断提升，航班正常率逐年提高，1982 年达到 85. 6%。

随着我国航空运输业的发展，特别是境外航线的开辟，机上配餐、飞机租赁亟须开创新局面。1980 年 5 月 1 日，在民航总局指导下，民航北京管理局与香港中国航空食品有限公司合资经营的北京航空食品有限公司正式开业。作为中华人民共和国外国投资管理委员会批准的第一家中外合资企业，其开业备受瞩目，外国投资管理委员会副主任江泽民出席了开业仪式。9 月 17 日，中美两国政府签署《民用航空运输协定》，随后开辟了多条中美航线，实现中美通航。9 月 23 日，中国民航租机小组与美国汉诺威

---

① 李军编：《中国民航年谱（1949—2010）》，中国民航出版社 2012 年版，第 126 页。

公司签订波音 747SP 型飞机租赁协议书，开始采用投资减税杠杆租赁（融资租赁）方式引进飞机，开了中国民航融资租赁飞机的先河。

★ 1981 年 1 月 7 日，中国民航开辟北京—上海—旧金山—纽约航线。

在民航业恢复过程中，涌现了一批先进典型。1981 年 7 月，民航总局印发的《民航飞行人员和单位长期安全飞行奖励试行办法》规定，按安全飞行小时数，由民航总局授予飞行人员一级飞行安全奖章，由地区管理局和航校授予飞行人员二级、三级安全飞行奖章；按安全飞行年数，对不同单位进行奖励。1982 年 8 月，民航局召开中国民航安全飞行授奖大会，对相关单位和人员进行表彰。国务委员耿飚出席会议并作重要讲话。大会授予民航第一飞行总队、民航第五飞行大队、民航第十五飞行大队、民航飞行专科学校第二分校 4 个单位“全国民航安全飞行红旗单位”称号，徐柏龄、尹淦庭、黄绪春、蒋远猷、徐继富、王国希、何大运、顾振藩、崔天富、李太福、沙金玉 11 名飞行人员“全国民航安全飞行模范”称号，14 个单位“安全飞行先进单位”称号，166 名飞行人员一级安全飞行奖章，204 名飞行人员二级安全飞行奖章，556 名飞行人员三级安全飞行奖章。

1982 年 7 月 25 日，兰州管理局杨继海机组驾驶 1 架伊尔-18 型飞机执行西安—上海航班任务。当飞临上海上空时，5 名歹徒采取暴力手段劫持飞机。机组按照反劫机预案处置，飞行、乘务人员和旅客抓住时机反击，终将劫机歹徒制服，飞机安全降落在上海虹桥国际机场。8 月 12 日，国务院发出嘉奖令，授予杨继海机组“中国民航英雄机组”称号，为杨继海记特等功 1 次、授予“反劫机英雄”称号，对其他飞行人员和乘务组成员分别予以奖励。14 日，国务院副总理万里、国务委员耿飚在中南海紫光阁接见杨继海机组全体人员。19 日，民航局召开反劫机胜利庆功授奖大会，宣布国务院嘉奖令和民航局、全国总工会、全国妇联、共青团中央的嘉奖决定，民航局党委作出《关于向杨继海机组学习的决定》。

★ 1982 年 8 月 28 日，民航安全飞行授奖大会。

二、在全面改革开放中开创新局面

在党的十二大和中国工会十大精神的指引下，在民航局党委的领导下，民航工人运动和工会工作迅速融入全面改革开放的大潮中。民航工会以开拓创新精神不断加强组织建设，完善民主管理，激发职工劳动积极性，激励职工以改革热情不断增强民航发展活力。

（一）民航工会重新建立

1982 年 9 月，党的十二大召开，提出建设有中国特色的社会主义，制定了全面开创社会主义现代化建设新局面的奋斗纲领。大会要求必须大大加强党在工会中的工作，使工会成为联结党和工人群众的强大纽带。1983 年 3 月 14 日，中共中央书记处对工会的性质和任务作出指示，指出“工会的性质和任务应该是在党的领导下，代表工人阶级利益，为工人阶级办事的群众性组织”，工会“一定要面向工厂、面向工人，密切联系群众，反映职工的呼声和要求，真正成为‘职工之家’‘工人之友’”①。1983 年 10 月 18 日至 29 日，中国工会第十次全国代表大会在北京召开。大会提出新时期工会工作的方针是以“四化”建设为中心，为职工说话、办事，维护职工的合法权益，加强对职工的思想政治教育和文化技术教育，建设一支有理想、有道德、有文化、守纪律的职工队伍，充分发挥工人阶级在社会主义物质文明和精神文明建设中的主力军作用。中国工会十大是全国职工加强团结的动员大会，分析了新的形势和任务，确定了新时期工人运动和工会工作

① 全国工会干部培训基础教材编写委员会编：《中国工人运动史概论》，中国工人出版社 2023 年版，第 69 页。

的方针、任务，为改革开放中工人运动和工会工作的蓬勃发展指明了方向，标志着中国工人运动和工会工作进入了一个新的发展阶段。

民航工会以党的十二大精神为指引，认真学习贯彻党中央关于工会工作指示精神和中国工会十大精神，确立民航工人运动与工会工作重点，开创民航工会工作新局面。1983 年 7 月 27 日至 8 月 1 日，民航工会第一次全国代表大会在北京召开。出席大会的代表 179 名，特邀代表 6 名，代表全国 5 万名民航工会会员。全国总工会书记处候补书记王申详出席大会。民航工委负责人付温恭作题为《努力开创工会工作新局面》的工作报告，回顾了民航工会组织恢复以来的工作情况，明确了今后的主要任务，尤其是要认真贯彻新时期工会工作方针，重点搞好职工代表大会制度，以安全生产为中心开展各项活动：坚决维护职工正当权益；积极参加职工精神文明建设，培养“三有一守”职工队伍；认真贯彻民主管理原则，加快建立健全职工代表大会制度；广泛开展学赶先进的竞赛活动和群众劳动保护工作；大力开展女工工作；切实健全工会财务制度，搞好工会财务工作；加强工会建设，改进工会工作方法和工作作风。大会选举产生民航工会第一届全国委员会，王华元当选为主席，周应冀当选为副主席兼经费审查委员会主任委员；选举王申详、王仪轩、王华元等 11 名同志为中国工会第十次全国代表大会代表。

（二）工会工作取得新进展

民航工会积极响应国家号召，顺应体制改革趋势。通过建立健全职工代表大会制度、建设职工之家、组织劳动竞赛、开创女职工工作、开展文体活动、表彰劳动模范和先进单位等举措，推动工会工作不断创新发展。同时，民航工会积极推进对外交流，与日本、埃及、约旦等国家民航业工会多次开展工作交流，参与或举办跨国文体活动。

1. 建立健全职工代表大会制度

1982年11月，民航工委召开扩大会议，专题交流建立职工代表大会制度试点工作经验，明确建立职工代表大会制度基本做法[①]。12月，这一制度开始在民航系统广泛推广。经过两年多实践，至1985年6月，包括7个管理局和3个工厂在内的民航单位均成功建立职工代表大会制度。

1985年7月，全国总工会召开十届六次主席团扩大会议，交流建全职代会、理顺工会与职代会关系、发挥工会在职工民主管理中的作用等方面的经验。基于此，民航工会与沈阳管理局党委和工会协商，确定在沈阳航修厂进行理顺工会与职代会关系的试点工作。10月，民航工会一届四次全委（扩大）会议进一步明确以沈阳航修厂和湖北省局工会经验为基础的一系列试行措施，包括职代会与会员代表大会合并召开、职代会常任主席团与工会委员会结合、工会与职代会专门委员会合并等。这些措施对解决机构重叠、工作重复问题以及减少会议、节省开支起到了重大作用。

1986年2月，民航局党委转发民航工会《关于进一步发挥工会组织参政议政作用的请示》。4月，民航工会印发《关于抓紧健全职工代表大会制度的意见》。这两份文件对健全全行业职代会制度尤其是促进省局、大队—中队、车间—班组三级民主管理网络的建立起到了指导作用。同月，飞行专科学校、民航管理干部学院和民航学院下属单位教职工代表大会制度相继建立起来，院校教职工民主参与意识进一步增强。

1986年，中共中央、国务院发布《全民所有制工业企业厂长

① 基本做法是成立职代会筹备领导小组、逐级培训骨干、制定切合民航情况的实施细则、做好提案征集和处理工作、明确职代会议题要重点突出、明确职代会各项活动要认真执行民主程序等。

工作条例》《全民所有制工业企业职工代表大会条例》《中国共产党全民所有制工业企业基层组织工作条例》。民航局党委提出“民航系统通过体制改革，航空公司和机场成立后，要全面贯彻执行三个条例”的要求。1987 年，成都管理局政企分开后，新成立的成都双流机场和西南航空公司，分别于 11 月下旬和 12 月上旬召开首届职工代表大会。这是民航第二轮重大体制改革（以政企分开、机场与航空公司分设为主要内容）后，首家召开职工代表大会的机场和航空公司。此后，国航、首都机场、东航相继召开首届职工代表大会。

2. 开展职工之家建设

为贯彻全国总工会关于“抓基层、打基础、促改革”的方针和《关于整顿工会基层组织，开展建设“职工之家”活动的决定》，民航工会决定在基层工会开展职工之家建设。1984 年 7 月，民航工会一届二次全委会议为整顿工会基层组织，开展建设“职工之家”活动下发规划和考核验收细则，提出基层工会争取用三年左右时间，普遍达到全国总工会提出的建成职工之家的六条标准①。民航各单位工会结合实际研究制定建设职工之家实施细则或暂行办法，并组织考核验收。截至 1985 年 12 月上旬，各管理局、省局、大队一级工会验收合格 87 个职工之家，占应验收总数

① 在全国总工会《关于整顿工会基层组织，开展建设“职工之家”活动的试行办法》中，这六条标准分别是：（1）建设一个符合“四化”要求、密切联系群众的领导班子和一支热心为群众服务的工会积极分子队伍；（2）教育和动员职工站在改革的前列，努力促进技术进步，开展社会主义劳动竞赛，提高经济效益和社会效益，保证完成国家交给的各项任务；（3）组织和动员职工学习政治、文化、科学技术和经营管理知识，提高思想道德素质和科学文化素质，在建设一支有理想、有道德、有文化、守纪律的职工队伍中发挥应有的作用；（4）推进企业事业民主管理，承担起职工代表大会工作机构的任务，在办好社会主义企业事业中充分发挥作用；（5）保障职工福利，维护职工合法权益，为职工说话、办事，为职工“排忧解难”；（6）健全工会组织，加强小组建设，不断完善工会民主生活和民主制度，做民主的模范。

的 62.1%。

在建设“合格职工之家”基础上，民航工会开展争创“先进职工之家”和“模范职工之家”竞赛活动。截至 1987 年底，历时三年的职工之家建设取得显著成效，94.2%的省局、大队一级工会通过验收。各单位工会以加强职工之家建设为抓手，不断创新推进工会工作，涌现出一批先进单位和个人。1983 年至 1986 年，民航工会和管理局一级工会表彰先进工会单位 317 个次，先进工会工作者 290 人次，优秀工会积极分子 723 人次。其中，湖北省局工会主席张英堂被全国总工会授予全国五一劳动奖章和“全国优秀工会工作者”称号。

3. 组织多层次多形式劳动竞赛

1984 年，民航工会积极贯彻落实民航局《关于保证安全的决定》《关于提高运输服务质量的决定》《关于民航系统贯彻〈国营企业职工思想政治工作纲要（试行）〉的决定》，继续开展“安全、正常、服务好”劳动竞赛，以安全生产服务为中心，紧紧围绕飞行安全、航班正常、优质服务、效益增长和党风局风好转等方面，动员职工群众积极开展运输服务、飞行安全、机务维修、航行指挥等十几个系统的对口竞赛。在各级劳动竞赛领导小组中，工会主席一般担任常务副组长。

持续开展提高运输服务质量劳动竞赛。1985 年 6 月至 10 月，民航局在六大机场①的八个窗口单位②中开展以改进服务态度、礼貌待客为中心的“优质服务”竞赛活动（简称“六八”竞赛）。活动通过改善服务规章制度、提升人员素质、美化环境、清洁卫生、优化工作秩序等工作，推动六大机场运输服务质量明显提升。

① 六大机场指北京首都机场、上海虹桥机场、广州白云机场、成都双流机场、沈阳东塔机场和西安机场。

② 八个窗口单位指售票处、候机室、乘务队、宾馆（或旅客招待所）、旅客餐厅、货运仓库、装卸队、机上清洁队。

在“六八”竞赛基础上，1986 年 5 月至 10 月，民航局继续开展十个机场的九个窗口单位①的优质服务竞赛活动（简称“十九”竞赛），进一步严格执行规章制度，改善服务态度，更大范围提高运输服务质量，以更高的标准、更细致明确的竞赛条件，有力推动了规章制度的落实和全面质量管理的深入发展。

进一步拓展劳动竞赛的层次与形式。1986 年 2 月，民航工作会议要求各单位广泛开展对口竞赛活动，除“十九”竞赛外，要逐步开展飞行安全、航行指挥调度、机务维修和职工食堂等岗位竞赛。各管理局抓所属省局、航站窗口单位竞赛，各窗口内部开展班组之间和职工之间的竞赛，竞赛形成了多层次、多对口、多形式，团结协作、争先达标的新局面。1986 年 7 月至 9 月，民航局、民航工会先后印发民航系统开展劳动竞赛活动有关奖励问题、业务对口赛名次等通知，将民航系统劳动竞赛活动推向高潮。在这一年时间里，民航各单位组织开展的竞赛活动呈现出两大特点：一是竞赛覆盖面广，涉及生产与生活各方面，形成全员参加竞赛的宏大局面（见表 3）；二是竞赛持续时间长，基本持续半年或一年。

表 3　1986 年民航劳动竞赛一览表

单位	劳动竞赛名称
北京管理局	“十九”竞赛、飞行安全竞赛、优质机务维修竞赛、地面保障竞赛、后勤保障竞赛、后勤保障五条龙达标竞赛
上海管理局	“十九”竞赛、优质服务竞赛、飞行安全竞赛、机务维修竞赛、职工食堂竞赛、航行调度竞赛

① 十个机场指北京、上海、广州、成都、西安、沈阳、乌鲁木齐、昆明、桂林、杭州等机场；九个窗口单位指售票处、值机及行李室、候机室服务室、空中服务（乘务队）、机上清洁队、餐厅、宾馆（或旅客招待所）、货运仓库、装卸队。

续表

单位	劳动竞赛名称
广州管理局	“十九”竞赛、飞行安全竞赛、机务航材竞赛、航行气象竞赛、通信导航竞赛、油料保障竞赛、车辆管理竞赛、卫生保健竞赛、修建系统竞赛、教育系统竞赛、后勤供应竞赛、公安系统竞赛、财务系统竞赛、文明航站竞赛、机关文明单位竞赛
成都管理局	“十九”竞赛、百日行车安全竞赛、门诊优质服务竞赛、“三满意”食堂竞赛、综合流动红旗竞赛、“飞行安全好、播种质量优、协作风格高”竞赛
沈阳管理局	“十九”竞赛、飞行安全百日劳动竞赛、机务安全百日劳动竞赛、车辆安全百日劳动竞赛、专业飞行基地安全优质竞赛、卫生系统优质服务竞赛
西安管理局	“十九”竞赛、职工食堂竞赛、红旗车队红旗车竞赛、飞行安全流动红旗竞赛、机务维修流动红旗竞赛、医务“双文明”竞赛、技术练兵竞赛
乌鲁木齐管理局	“十九”竞赛、“文明航站”夺杯赛、“文明大队”夺杯赛、“文明处室”夺杯赛
工业航空服务公司	安全飞行竞赛、机务维修竞赛、航行指挥竞赛、运输服务竞赛、职工食堂竞赛、“文明处室”竞赛、创“文明单位”竞赛
飞行专科学校	创“三优”竞赛、飞行安全竞赛
民航局直属机关	“文明食堂”竞赛、“文明卫生”竞赛、“文明楼院”竞赛

1987年以后，民航劳动竞赛的范围转入基层班组，更加聚焦于“短小、专项、多样”的竞赛活动，内容突出“双增双节”和全面质量管理，并与技术革新、合理化建议活动相结合，不断提高经济效益。

4. 开创女职工工作新局面

党的十二大报告指出，妇女是我国经济建设中的重要力量，在社会主义精神文明建设中具有特殊重要的作用。这一时期，女职工约占民航职工总数的1/5，分布在空中乘务、地面服务、机务、通讯、教育等各工种和各部门。作为工会工作的重要组成部分，女职工工作在这一时期受到重点关注。

1983年2月24日至28日，民航工委召开第一次女职工工作和表彰“三八”红旗手（集体）会议。会议讨论如何开创工会女职工工作新局面，以及如何进一步发挥女职工在民航“两个文明”建设中的“半边天”作用，并制定了《关于在民航系统开展评选“三八”红旗手（集体）和“五好”家庭活动的意见》。截至1985年6月底，全国妇联授予民航系统全国“三八红旗集体”2个，全国“三八红旗手”4名，“五好”家庭3户。民航系统1名女职工被评为全国劳动模范，2名女职工被评为市级劳动模范；16个单位获民航一级“三八红旗集体”称号，64名女职工获“三八红旗手”称号；20名女职工被评为民航工会先进工会干部和优秀工会积极分子；5个单位被评为“五四三”（五讲四美三热爱）文明单位，9名女职工被评为文明标兵和先进代表。1986年9月，民航工会授予民航成都管理局第七飞行大队2418乘务组①“全国民航三八红旗集体”称号，以表彰其在8月7日制止罪犯纵火毁机事件中的突出表现。

1985年至1986年，民航工会转发全国总工会《基层工会女工工作委员会条例》，印发《工会女工干部工作职责》《基层工会女工工作委员会委员职责》，推动基层工会女职工工作开展。这一时期，民航各级工会积极开展女职工工作竞赛、知识竞赛，采用多种形式对女职工进行“四自”（自尊、自爱、自重、自强）教育，女职工工作取得快速发展。

5. 开展文体活动

民航各单位工会积极开辟场所、疏通渠道、招揽人才、增加

---

① 乘务长孙芳萍，乘务员刘继华、邓彩霞、吴曼梅、张倩、丛晓文。

经费，推动文体活动开展。1984 年 6 月，全国总工会印发《关于在职工中建立和发展各种兴趣爱好小组的决定》，民航各单位工会遵照决定，开展了文艺、体育、读书、书法、绘画、摄影等丰富的文体活动。在文艺方面，北京管理局工会的中西乐队多次参加北京市总工会组织的“五月的鲜花”演出，部分节目还参加了全国总工会组织的电视联演，被选送到怀仁堂为中央领导机关演出。在体育活动方面，1987 年 7 月，上海管理局足球队代表上海市职工参加全国六城市职工足球友好杯赛，荣获冠军。1987 年 10 月，北京管理局工会与北京市总工会联合举办北京市职工首届航空杯乒乓球邀请赛，北京管理局代表队获得男女团体、男女单打全部四项冠军。在读书活动方面，1984 年至 1985 年，民航工会邀请上海管理局“振兴中华读书活动”演讲团到总局机关、北京管理局、天津市局和民航学院等单位作报告。1985 年 4 月，民航工会印发《民航职工自学成才奖励暂行办法》，设立奖励基金，推动职工积极读书自学。1985 年 6 月和 1987 年 8 月，全国总工会两次表彰读书自学先进个人和集体，民航 5 名职工、3 个集体受到表彰。在书画摄影活动方面，民航各级书画影协会多次举办展览。1983 年至 1987 年，有 15 幅作品入选全国职工业余美术、书法、摄影作品展览，其中 3 幅获奖。

民航工会同时以职工文体活动为载体，积极开展对外交流。1983 年 11 月，中国民航乒乓球代表团参加在日本东京羽田机场举行的国际航空公司第四届“双翼杯”乒乓球友谊赛。1985 年 11 月，民航上海管理局工会和日本中央劳福协友好访中团进行书画艺术交流。1986 年 4 月，中国民航足球队参加中日两国铁路、航空四方“友好杯”足球赛。1987 年 6 月，以中国民航工会主席王华元为团长的中国民航足球队赴日本参加中日两国航空职工友谊杯赛。1986 年 10 月，由中国民航工会副主席雷云霞带队的中国民航乒乓球队赴丹麦哥本哈根参加国际航空公司第七届“双翼杯”乒乓球友谊赛，获得男、女团体冠军。

6. 表彰劳动模范和优秀单位

1983 年 6 月 13 日，民航局印发《民航职工奖励暂行办法》。1983 年 7 月至 1988 年 8 月，民航工会开展各类评选表彰工作。经民航工会推荐，32 名职工获全国五一劳动奖章，3 个单位获全国五一劳动奖状，2 个班组获全国先进班组，1 名职工获全国对外经济贸易先进工作者，2 名职工获全国民族团结进步先进人物。民航局授予全国民航劳动模范 31 名，授予长期飞行安全集体二等功单位 1 个、集体三等功单位 3 个，授予特级安全飞行奖章 144 名、一级安全飞行奖章 342 名。

1985 年 12 月 24 日，民航局召开全国民航系统劳动模范、文明窗口单位、科技进步和“六八”竞赛综合表彰大会，为来自民航系统各条战线中的全国民航劳动模范、全国民航文明单位、国家科学技术进步奖和民航局科学技术进步奖项目代表以及在“六八”竞赛中取得优异成绩的运输服务窗口单位庆功授奖。

（三）民航职工在全面改革开放中的贡献

1982 年以来，随着全面改革开放进程加快，民航业逐步走向正轨，取得快速发展。截至 1986 年底，我国各类航班营运机场 127 个，其中对外开放机场 19 个。1987 年，民航完成旅客运输量 1310 万人，货邮运输量 29.9 万吨，较 1982 年分别增长 194%和 193%。共开辟航线 323 条，其中国内航线 277 条、国际航线 39 条、地区航线 7 条，通达国内外城市 112 个①。经过近 10 年的发展，中国民航由 1978 年世界排名的第 37 位，上升到 1987 年的第 17 位。这一成就离不开民航职工在各自岗位上的贡献。

另外，民航职工在空防安全、重大任务保障中作出了积极贡

---

① 李军编：《中国民航年谱（1949—2010）》，中国民航出版社 2012 版，第 149 页。

献。1983年5月5日，沈阳管理局第十飞行大队王仪轩机组执行沈阳至上海航班任务时，6名武装暴徒劫持飞机，王仪轩机组临危不惧，与暴徒英勇斗争，凭借高超技术将飞机安全降落在南朝鲜春川机场。在机场停留期间，机组成员与乘客紧密团结，有理有节斗争，维护祖国尊严荣誉，5月10日平安回国。5月18日，国务院颁布嘉奖令，决定授予王仪轩机组“中国民航英雄机组”称号、王仪轩“中国民航英雄机长”称号，给机长王仪轩、副机长和长林及领航员王培富、空勤通信员王永昌各记特等功一次，给领航员冯云武、空勤机械员林国荣及乘务员程梅、姜民英、李霞各记大功一次①。5月26日，根据党中央、国务院决定，民航局召开296机组庆功授奖大会，国务院副总理万里、国务委员谷牧到会祝贺并发表讲话，高度赞扬王仪轩机组的爱国主义精神，无私无畏、一心为乘客着想的崇高品德以及坚毅顽强、机智勇敢、团结战斗的革命英雄群像。

1987年5月6日，黑龙江省大兴安岭地区发生新中国成立以来最大的森林火灾。5月11日，民航局两次发电指令，调集飞机参加森林灭火。在此之前，驻守黑龙江省和林区的民航飞行队伍已投入灭火救灾工作。5月6日至26日，沈阳、北京、成都管理局和工业航空服务公司共出动56架飞机、直升机参加灭火救灾工

---

① 此外，民航局于5月23日给296号技术组记大功通报。296号机被武装暴徒劫持枪击损坏，迫降后又陷入泥土中不能起飞。为修复和飞回这架飞机，民航局派出了以北京管理局副局长刘远藩为带队、副大队长白景庥为机长的10人技术组出国执行任务。抵南朝鲜后，他们在复杂的政治情况和困难的工作环境中，团结一致、密切配合、认真负责、忘我工作：对飞机的外表和各种仪器全面检查并作出了技术鉴定；对被暴徒枪击损坏的设备进行了精心修理；千方百计拖出陷入泥土中的飞机；调查了机场的各种数据，研究了使飞机处于最佳飞行状态的方案。最终，296号飞机在远远低于规定的跑道长度、宽度、强度要求和恶劣的净空条件下，安全起飞，胜利回国，为民航、为社会主义祖国争得了荣誉。为表彰他们在完成这次任务中所作出的显著成绩，民航局决定给296号机技术组记大功一次。

作，承担巡查灾情、机降森警、运送灭火设备和物资等任务。民航第 25 飞行大队出动直升机并加装专用喷射设备、喷洒水和灭火剂，控制火情蔓延。在灭火救灾中涌现出的先进单位和模范个人，受到国务院、民航局和黑龙江省、内蒙古自治区政府的表彰。

三、在深化改革开放中促进发展与稳定

1987 年 10 月，党的十三大召开，系统阐述了社会主义初级阶段理论。大会强调在改革中要充分发挥工会等群众组织的重要作用和职能，指出工会等群众团体历来是党和政府联系工人阶级和人民群众的桥梁和纽带，在社会主义民主生活中具有重要作用，明确各种群众团体要按照各自的特点独立自主地开展工作，在维护全国人民总体利益的同时，更好地表达和维护各自所代表的群众的具体利益。大会还强调群众团体也要改革组织制度，转变活动方式，积极参与社会协商、民主管理和民主监督，把工作重点放在基层，克服行政化倾向，赢得群众特别是基层群众的信任。

党的十三大和十三届三中全会召开后，党中央在治理经济环境、整顿经济秩序、全面深化改革的新形势下，赋予工会光荣而艰巨的新任务，中国工会进入重要的历史性转变时期。在民航局党委的坚强领导下和民航工会的精心组织下，民航职工坚定支持民航体制持续深化改革，坚决维护和发展安定团结政治局面，充分发挥工人阶级的中流砥柱作用，为民航事业持续健康发展注入新的动力。

1989 年 12 月，中共中央发布《关于加强和改善党对工会、共青团、妇联工作领导的通知》。这是新中国成立以来第一个专门论述加强和改善党对工会等群众组织领导，充分发挥工会等群众组织作用的中央文件，其指导意义十分重大。

1990 年 12 月 21 日至 23 日，民航工会二届一次全委会议在北

京召开。民航局局长胡逸洲、副局长管德出席会议。民航工会主席王华元作工作报告，提出四项主要任务：在党的十三届六中全会精神指引下，贯彻落实《中共中央关于加强和改善党对工会、共青团、妇联工作领导的通知》，使工会工作沿着正确方向发展；贯彻工会工作方针，在维护安定团结、完成中心任务中发挥工会重要作用；深入开展建设职工之家活动，增强基层工会活力；加强工会领导机关建设，适应形势发展需要。根据全国总工会 1990 年 4 月印发的《关于加强全国产业工会建设若干问题的意见》精神，经报全国总工会和民航局党委同意，中国民航工会第二届全国委员会按照联合制、代表制原则组成①。会议选举产生民航工会第二届全国委员会常务委员会，田风云当选为主席，李克治当选为副主席（兼职）。经费审查委员会二届一次会议选举海连成为经审会主任。

（一）在治理整顿中促进发展

党的十三大进一步明确经济体制改革和政治体制改革的基本方针，要求加快和深化改革。1988 年 10 月，中国工会第十一次全国代表大会召开。会议强调全面深化改革需要依靠和发挥工人阶级的积极性、主动性和创造性，落实《企业法》关于职工参加民主管理的规定：在经营权和管理权分离后，不仅要强调经营者的管理权威，更要重视职工的民主管理和政治荣誉。在国家持续深化改革的同时，民航从 1987 年起开始以政企分开、简政放权、机场与航空公司分设为主要内容的第二轮重大管理体制改革。1987 年 1 月，国务院批准民航局《关于民航系统管理体制改革方案和实施步骤的报告》。10 月，成都管理局分立为民航西南管理

① 全国委员会由民航地区管理局、国家骨干航空公司、通用航空公司、一级机场、学院、局直机关工会主席和民航工会机关、民航局机关有关部门负责人组成。此后，民航工会历届全国委员会均按此原则组成。

局、中国西南航空公司和成都双流机场，拉开了民航第二轮管理体制改革的序幕。此后，上海管理局、北京管理局、兰州管理局、沈阳管理局、广州管理局陆续进行改革。1992 年 12 月，广州管理局召开体制改革实施大会，广州管理局分立为民航中南管理局、广州白云机场和中国南方航空公司，标志着民航第二轮重大管理体制改革全面完成。至此，中国民航成立了 6 个地区管理局①、6 家骨干航空公司②、6 大机场③，形成了政企初步分开，地区管理局与航空公司、机场分立的管理体制新格局。

随着改革的深入进行，部分社会矛盾日趋尖锐，维护社会稳定问题日益凸显。1988 年 9 月，党的十三届三中全会提出治理经济环境、整顿经济秩序、全面深化改革的指导方针和政策措施。在民航局党委领导下，民航工会贯彻党的十三届三中全会精神，广泛深入开展“双增双节”活动，组织职工群众通过参与合理化建议、技术革新运动、劳动和技能竞赛等活动，推进民航事业持续健康发展。

1. 开展合理化建议与技术革新活动

1989 年 6 月，民航局印发《关于广泛组织开展合理化建议活动的通知》。1990 年 4 月，全国总工会印发《关于动员全国职工广泛开展合理化建议和发明创造活动的决议》。7 月，民航工会印发《关于广泛开展合理化建议和发明创造活动的决议》，号召职工结合承包经营责任制、“双增双节”和全面质量管理等工作，以保证安全生产、提高航班正常性、改善服务工作和提高经济效

① 华北管理局、东北管理局、华东管理局、中南管理局、西北管理局、西南管理局。

② 北京的中国国际航空公司、上海的中国东方航空公司、广州的中国南方航空公司、成都的中国西南航空公司、西安的中国西北航空公司和沈阳的中国北方航空公司。

③ 北京首都国际机场、上海虹桥国际机场、广州白云国际机场、成都双流机场、西安西关机场、沈阳桃仙机场。

益为目标，深入持久地开展合理化建议和发明创造活动。

在各单位工会的组织下，民航职工围绕安全生产、服务质量提升、成本控制等方面，提出了大量富有建设性的意见和建议。据统计，1991 年至 1992 年，广州管理局职工提出 1278 条合理化建议，其中 516 条被采纳实施，创造了 512 万元的经济效益。1992 年 1 月至 2 月，各单位工会在“安全、质量、效益年”活动中共征集合理化建议 3000 多条，采纳实施 1000 多条，直接创造约 3000 万元的经济效益。一些单位在发动职工开展技术革新、技术改进和技术协作方面取得优异成绩，同时在加强劳动保护、实行群众安全监督、减少工伤事故、改善工作环境、增进职工健康方面走出了路子，积累了经验。

在此期间，民航各单位工会认真贯彻国务院颁发的《合理化建议和技术改进奖励条例》，结合实际逐步建立健全合理化建议和技术改进管理办法及奖励细则。一些先进单位和个人受到表彰。如 1992 年 2 月，西安飞行大队被授予“全国合理化建议先进单位”称号，乌鲁木齐管理局通讯导航处蒋勇等 6 名同志被授予“全国合理化建议积极分子”称号。

2. 开展各类劳动和技能竞赛

民航职工通过积极参与飞行安全、航班正常率和服务质量提升等一系列竞赛活动，为国家治理整顿工作贡献力量。

开展飞行安全劳动竞赛。1988 年 1 月 18 日，中国西南航空公司一架伊尔-18 型 222 号飞机在重庆机场附近坠毁，给国家和人民生命财产造成了重大损失。1 月 27 日，民航局印发通知，提出做好安全工作的八条措施。2 月 2 日，国务院印发《关于加强民航安全工作的紧急通知》，要求确保民航飞行安全。2 月 6 日，民航工会一届六次全委会议通过《关于发动职工群众贯彻落实国务院加强民航安全工作紧急通知和民航局做好安全工作八条措施的决议》[①]，要求各单位在组织职工开展以“安全、正常、服务好”为主要内容的劳动竞赛和学赶先进活动中，把确保飞行安全放在第一位。各单位工会紧密围绕飞行安全这一核心任务，以提升航班正常率和服务质量为工作重点，开展确保飞行安全的各类劳动竞赛。如八大队安全飞行红旗竞赛，陕西省局红旗车红旗驾驶员竞赛，云南省局双百安全竞赛，一〇二厂安全生产竞赛以及沈阳管理局飞行、航行、机务、车管 4 个单位百日安全红旗单位竞赛等。1989 年 2 月 25 日至 28 日，全国民航飞行大队工会主席会议在昆明召开，肯定了各飞行大队工会在开展确保飞行安全劳动竞赛方面所做的努力，并要求进一步持续围绕飞行安全开展多种形式的劳动竞赛。

举办提高航班正常率和服务质量竞赛。1990 年 9 月 22 日至 10 月 7 日，第 11 届亚洲运动会在北京举行。在民航局和国务院空港工作组领导下，首都机场、国航于 1989 年底开展“迎亚运、创优质”“三热爱[②]”迎亚运劳动竞赛。在一年时间里，首都机场干部职工在竞赛活动中充分发扬亚运精神，在保证飞行安全、搞好优质服务、提高经济效益等方面作出积极努力，取得优异成绩，圆满完成迎送参加亚运会中外宾朋和旅客的重任，受到上级机关和中外旅客的高度评价。国航开展“三热爱”迎亚运劳动竞赛，共有 20 个单位获“迎亚运先进集体”称号，100 名职工获“迎亚运先进生产（工作者）”称号。1991 年 11 月 4 日至 7 日，民航工会召开二届二次全委（扩大）会议，认真传达学习朱镕基关于

---

① 《决议》向民航工会系统提出了五项要求：一是充分利用工会有利条件参加安全教育，使广大职工牢牢树立“安全第一”的思想；二是健全和发挥职工群众安全监督检查组织的作用；三是进一步健全职代会对安全工作的监督作用；四是要求各单位在组织职工开展以“安全、正常、服务好”为主要内容的社会主义劳动竞赛和学赶先进活动中，要把确保飞行安全放在第一位；五是动员职工家属参加保证安全工作。

② “三热爱”是指热爱祖国、热爱公司、热爱旅客（货主）。

抓好航班正点和提高服务质量的指示以及民航服务工作会议精神，明确提高航班正常率和服务质量为当前民航工作的主要矛盾和中心环节。会议通过《关于动员全体职工落实民航局“关于提高航班正常率和服务质量年内初见成效”的意见》，要求各单位工会以提高航班正常率和服务质量为重点开展劳动竞赛等各项活动。

举办岗位练兵和技术比赛。根据 1991 年民航局开展“安全、质量、效益年”要求，各单位工会广泛发动和组织职工群众投入岗位练兵和技术比赛活动。这些竞赛涌现出一批技术精湛、业务过硬的优秀代表。据统计，1991 年民航系统共有 517 个班组、5340 名职工积极参与岗位练兵活动，其中 43 个班组和 117 名职工获得民航局的表彰和肯定。

（二）突出维护职能保障职工队伍团结稳定

中国工会十一大后，由于形势变化，在治理经济环境、整顿经济秩序、全面深化改革深入进行的同时，一些社会矛盾也已日趋尖锐起来，维护社会稳定的问题日益凸显。面对日益复杂的市场环境和不断变化的行业需求，维护职工队伍团结稳定，切实保障每一位职工切身利益日趋重要与迫切。在民航局党委领导下，民航工会有力组织、加强引导，通过加强思想教育、开展文体活动、推进民主管理、持续建设职工之家等举措，切实维护职工利益，稳定职工队伍，构建和谐稳定、积极向上的工作环境。

1. 加强政治学习，提高思想认识

党的十三届四中全会以后，党中央多次作出加强思想政治工作的指示，尤其强调在目前形势下，加强职工思想政治工作，发挥工会共产主义学校作用，对于提高职工队伍素质，抵制和反对资产阶级自由化思潮的影响，稳定职工队伍都具有战略意义。为进一步贯彻落实党中央指示精神，全国总工会于 1990 年 1 月在广州召开全国工会职工思想政治工作会议，明确提出工会职工思想

政治教育的内容体系，把工会职工思想政治教育的内容大体分为基础教育和形式政策教育、日常思想政治工作两个系列。民航各级工会积极贯彻落实党中央和全国总工会工作部署，深入开展形势政策教育、基本国情教育、党的基本路线教育等一系列活动，不断加强和改进职工思想政治工作。

各级工会在党委统一部署下，同政治机关一起进行形势政策教育，宣传改革开放以来党和国家及民航取得的成就，引导教育职工坚定执行党的路线的信心，坚定走有中国特色的社会主义道路。沈阳管理局工会举办回顾十年成就展览会；广州管理局工会和政治机关一起举办“广州民航十年成就展览”，有一万人次观展，先后在广州、桂林、长沙、武汉、郑州、洛阳等机场展出。积极响应党中央维护安定团结的号召，组织工会干部和工会积极分子学习党的政策并通过发倡议书或向职工写信等各种形式进行广泛宣传，引导职工坚决贯彻党中央要求。同时，工会领导干部深入生产第一线做群众工作，搞好安全生产。民航工会印发《关于工会在维护安定团结，搞好安全生产中发挥应有作用的情况通报》，要求各级工会认真学习贯彻党中央精神，落实民航局要求，维护安定局面，坚守工作岗位，确保民航安全生产及航班正常。

2. 开展丰富多样的职工文体活动

民航职工在文化艺术领域展现出极高的参与热情和创造力，参与了多项庆祝活动的筹备与展示。1989 年，民航工会组织职工参加首届全国职工歌手大奖赛，2 名民航职工分获三等奖和优秀歌手称号。同年 11 月，为庆祝新中国成立 40 周年、民航局成立 40 周年以及“两航”起义 40 周年，民航工会和民航书画影协会联合中国书法家协会、中国美术家协会、中国摄影家协会，在中国美术馆举行《全国民航职工书画摄影展览》，展示职工在书画摄影领域的优秀作品。1991 年 6 月，首届中国民航艺术节在首都国际机场举办。节目民航特色鲜明，生动反映了民航事业在改革开放中蓬勃发展的新气象，展现了民航职工艰苦奋斗、无私奉献的精神风貌。人民日报社、新华社等多家新闻单位进行了报道。

3. 规范职工代表大会运行

民航各级工会致力于健全职工代表大会制度，通过优化代表结构、明确共同责任、制定实施细则等措施，不仅强化了民主管理机制，还促进了职工参与企业决策、监督领导行为、维护自身权益的积极性，为民航事业的健康发展营造了良好的民主氛围和群众基础。1988 年 9 月至 12 月，国航、民航工业航空公司、首都机场等单位先后发布职代会实施细则。1989 年 4 月 18 日至 21 日，民航职工民主管理研讨会在厦门召开，会议介绍了民航建立职代会制度历程，肯定了 1981 年以来民航建立健全职代会制度对于加强民主管理的积极作用。

4. 深入推进职工之家建设

党的十三大要求工会工作要把重点放在基层，克服行政化倾向，赢得群众特别是基层群众的信任。在这一方针指引下，民航各级工会继续深入有效开展职工之家建设活动，强调“深入”，重点在“搞活”上下功夫。

1988 年 2 月，民航工会对 140 个省局、大队一级工会职工之家建设工作进行验收，其中 131 个完成验收，占比高达 93. 5%，11 家单位工会被评为“先进职工之家”。1990 年 8 月，民航工会授予 4 家工会“全国民航先进基层工会”称号，8 家工会“全国民航模范职工之家”称号。1991 年，民航工会贯彻执行全国总工会《关于继续深入开展建设职工之家活动的决定》，发动职工群众通过“评家”和自检自查方式推动职工之家建设。1992 年，民航工会对全行业模范职工之家开展复查验收。

职工之家建设大大增强了工会干部及工会积极分子的责任心和荣誉感，涌现出了不少先进典型。据统计，1987 年至 1990 年，民航工会和民航管理局工会授予先进工会工作者 307 人次，优秀工会积极分子 758 人次，共有 12 名工会干部被全国总工会授予“全国优秀工会工作者”称号。

5. 推动基层工会建立女职工委员会

1991 年 9 月，全国总工会召开女职工委员会（扩大）会议，强调各级工会要按照《中国工会章程》《工会女职工委员会暂行条例》，在有 25 名以上女会员的工会抓紧女职委组建工作，完成女职委主任、副主任配备并积极主动地采取多种途径解决相关待遇问题。1992 年 12 月，民航局所属 22 个大单位（不包含南航、广州白云国际机场）中共有 19 个单位工会建立女职委，并全部解决专职女职委主任或副主任待遇问题。

各级女职委的建立推动了女职工工作的开展。1991 年至 1992 年，根据《全国总工会女职工委员会关于动员女职工广泛开展学先进，比奉献，为实现“八五”计划建功立业活动的决定》，民航各级女职委坚持以经济建设为中心，紧密围绕保证飞行安全、提高航班正常率、改进服务质量等民航中心工作，组织具有女职工特色的劳动技能竞赛和合理化建议活动。各单位还利用“三八”节和其他重大节日，举办女职工游艺会、晚会、舞会及其他趣味性活动，丰富女职工生活；举办女职工知识竞赛、演讲会等活动，开展恋爱、婚姻、家庭、事业等各方面教育，不断提高女职工素质。

民航工会于 1987 年至 1992 年分别授予 28 个单位“全国民航三八红旗集体”称号，51 名同志“全国民航三八红旗手”称号，11 个单位女职委“全国民航先进女职工委员会”称号，9 名同志“全国民航巾帼之友”称号，33 名同志“全国民航优秀工会女职工工作干部”称号，43 名同志“全国民航优秀女职工工作积极分子”称号，25 名同志“全国民航先进女职工”称号，17 名同志“全国民航先进女职工工作者”称号，15 个集体“全国民航先进女职工集体”称号。经民航工会推荐，全国总工会授予民航 2 名同志“全国工会优秀女职工工作干部”称号，1名同志“全国先进女职工”称号，1名同志“全国先进女职工工作者”称号，1个单位“全国先进集体”称号。这些荣誉进一步激发了民航女职工和工会女职工干部的工作热情和创造力。

（三）民航职工在深化改革开放中的贡献

这一时期，随着改革浪潮的向前推进，在民航职工的不断努力下，民航发展取得巨大成就。截至1992年底，我国共有民用飞机658架，其中运输飞机315架、通航飞机343架，共开辟航线563条，其中国内航线492条、国际航线58条、地区航线13条，通达国内外城市158个。1987年至1992年，完成旅客运输量10761.7万人，货邮运输量233.3万吨，年平均增长率分别为20.58%和17.7%。

这一时期，民航开展飞机维修与引进、机场建设与管理等基础工作，为民航飞跃发展打下坚实基础。1989年，民航先后成立两家中外合资飞机维修企业——北京飞机维修工程有限公司和广州飞机维修工程有限公司，这是我国最早的飞机维修合资企业，对稳定利用外资具有重要意义。1987年至1992年，国内新增机场33个。1990年5月，民航局与美国波音公司在西雅图举行签约仪式，向波音公司批量订购72架飞机，不断增加运力。

这一时期，民航职工围绕飞行安全、队伍培养以及重大任务保障等核心工作，圆满完成各项生产任务，取得显著的社会经济效益，创造了飞行安全记录。1978年至1988年，民航工业航空公司第二分公司（原第十九飞行大队）执行全国性航空探矿、航空摄影、航空遥感、农林服务等专业飞行任务，共计安全飞行58132小时，1988年3月被民航局授予集体三等功荣誉。1968年至1988年，民航飞行学院教职工始终将飞行安全放在首位，在五种机型上培养1948名飞行员，为各管理局、航空公司代训833名飞行员，累计安全飞行时长达380355小时，1988年10月被民航局授予集体二等功荣誉。

1988年5月30日，西安管理局第八飞行大队王万才机组在执行2308航班任务时，驾驶TY-154M型2604号飞机途中遭遇第二发动机空中爆炸、尾翼严重受损的特殊情况。机组人员正确处置，确保了飞行安全。11月，民航局授予机组“运输安全飞行先进集体”荣誉称号。1989年4月24日，民航南昌独立飞行中队张洪元机组在执行宁波至厦门5568次航班运输任务时，遭遇歹徒威胁劫机的紧急情况。乘务员张丽萍与歹徒周旋，巧妙地将信息传递给驾驶舱机长，在被歹徒刺伤后，不顾个人安危，安抚照顾乘客，协助乘客共同制服歹徒，确保飞机安全降落在福州机场。6月，国务院特授予其“中国民航模范乘务员”荣誉称号。

1990年北京亚运会期间，首都国际机场从8月1日至10月10日保证进出港飞机11869架次，其中专机24架次，包机213架次，国际进港飞机1221架次，国际出港飞机1119架次，共接待出入境旅客356738人次，其中入境旅客188229人次，出境旅客188509人次；迎送亚运会参赛的37个国家和地区的体育团组623个。从8月下旬至10月上旬共装卸进出港行李2737339件，其中亚运会运动员、官员、记者行李94800件，无一丢失，无一破损。国航航务部全体空勤人员秉承“四严一保证”① 的优良传统，严格落实人员、技术、任务和组织等各个方面要求，确保飞行的安全与高效。石小黑机长作为机组代表在人民大会堂受到江泽民和李鹏的接见。国航内蒙古分公司第二十四飞行大队在执行亚运村灭蚊蝇任务时，面临在禁区超低空飞行的巨大挑战。机组人员通过事先反复讨论和准备，制定了详细的处置方案。在三个月时间

① 严密的组织、严格的训练、严明的纪律、严谨的作风，充分发挥思想政治工作的保证作用。

里共飞行91架次，累计65.15小时，不仅保证了飞行安全，还高效完成了作业任务，赢得了亚运组委会的通报表扬。

1990年8月23日至29日，为接回因海湾战争滞留中东的中方人员，国航派出前往约旦安曼的包机共25架次，接回人员4842人，向安曼运送食品33吨。此外，飞行18架次，从伊拉克接回撤离人员3681人，圆满完成接运我国人员撤回的任务，受到党中央和国务院领导的表扬。

第九章

在向社会主义市场经济转变中探索新路（1992—2002）

在世纪之交的转型时期，邓小平南方谈话和党的十四大召开，为改革开放的推进和中国特色社会主义事业的发展指明了方向。工人阶级和工会在从计划经济向市场经济的历史转变中，锐意进取、与时俱进，成为推动和完善市场经济体制、促进经济社会发展的强大力量。在党的领导下，在民航各级工会动员组织下，民航职工积极顺应市场经济体制转变，不断提升素质和能力，有效推动民航安全发展强基固本和经济效益提升。在经济关系和劳动关系日趋复杂的情况下，民航工会迎难而上，应对挑战，适应形势要求，更好维护职工合法权益。

一、在向市场经济过渡中的变革与创新

1992 年 10 月，党的十四大召开，正式把建立社会主义市场经济体制确立为我国经济体制改革目标。1993 年 10 月，中国工会第十二次全国代表大会召开，江泽民在接见大会主席团常务主席时提出，要积极探索有中国特色社会主义工会工作的新路子①。

① 李玉赋主编：《新编中国工人运动史》下卷，中国工人出版社 2020 年版，第 565 页。

面对不断发展变化的新形势新任务新要求，民航工会带领职工深入贯彻党的十四大和中国工会十二大精神，围绕民航安全发展贡献力量。

1996 年 12 月 24 日至 27 日，民航工会三届一次全委（扩大）会议在北京召开。民航工会主席田风云作工作报告，明确今后一个阶段的工作目标是：深入贯彻全心全意依靠工人阶级的根本方针，健全职代会制度，发挥职代会职能，加大工会参政议政力度；紧紧围绕党的中心任务，继续开展以“安全、正常、服务、效益”为主题的劳动竞赛；以贯彻实施《劳动法》为契机和突破口，带动工会各项工作，突出维护职能，更好维护职工群众合法权益；进一步搞好宣教文体、女职工、生活保障、财务管理和工会企事业等工作，更多更好地为职工办好事实事；适应新形势新任务新要求，积极稳妥搞好工会自身改革，进一步加强工会组织建设。会议选举产生民航工会第三届全国委员会常务委员会，田风云当选为主席，赵炎松当选为副主席。经费审查委员会三届一次会议选举海连成为经审会主任。

（一）推动民航安全发展强基固本

改革开放以来，航空运输量高速增长，但由于基础设施、人员素质、管理水平跟不上发展速度，致使飞行和空防安全事故频发。党中央、国务院及时部署扭转民航安全严峻形势，民航总局集中力量抓安全，民航职工通过参与劳动竞赛和合理化建议等活动，不断提高自身素质，推动民航转向持续、快速、健康发展新阶段。

1. 以飞行安全为目标持续开展劳动竞赛

民航总局将 1993 年定为“民航安全年”。为充分发挥工会组织作用，民航工会决定在直属 24 个大单位工会中开展安全年竞赛活动，充分动员广大职工投身“93 安全年”活动。民航工会先后派出以民航工会常委为主要成员的三个检查组到华东、华北、西南、中南、东北等单位进行检查指导。各级工会利用多种形式，广泛进行安全生产教育和宣传（见表4）。“93安全年”活动的开展促进了班组建设、合理化建议、技术培训和岗位练兵等工作的开展。如西南航空公司飞机维修厂二车间创造了757型飞机机队314天无机务原因延误的优异成绩，荣立民航局集体二等功；国航“我为公司献一计”活动中，航务处业务科针对沙迦、迪拜航线在巴基斯坦境内航线弯度大、增加油耗的情况，经科学分析后选择一条较近航线，使每个航班节省一小时航程，每年节油1900吨，节约经费520多万元；沈阳桃仙机场安检站经实战演练，大大提高职工业务技能，1993年1月至10月共查出通缉犯3人，冒名顶替7人，枪支58支，子弹2678发，危禁物品13200件。

表4 民航部分单位工会开展“93安全年”活动情况

单位工会	活动情况
华北管理局工会	开展6个行业（工种）的无差错竞赛
东北管理局工会	拍摄专题片13部，出板报80多块，进行3次板报比赛，悬挂宣传横幅30多条，组织演讲会8场，安全知识竞赛6次，安全大讨论3次
华东管理局工会	在航管、机务、通讯、油料、运输、公安等部门间组织对口竞赛
乌鲁木齐管理局工会	开展“基层安全管理目标”竞赛
国际航空公司工会	开展“我为公司献一计”活动，所有基层工会都采取适应自己特点的竞赛形式
东方航空公司工会	建立、健全班组安全措施和规章制度，发动班组找不安全因素，及时转送相关部门处理
南方航空公司工会	抓目标管理，激励飞行人员人人争当安全标兵

续表

单位工会	活动情况
西北航空公司工会	在报刊上发表稿件近30篇
通用航空公司工会	发动空勤人员家属为“安全年”作贡献
北方航空公司工会	在全公司飞行、机务、车辆服务系统广泛开展“保安全、促服务、迎十一”竞赛活动，在乘务队开展“雷锋精神在我这里发扬，我为安全作贡献”岗位竞赛
飞行学院工会	开展“优质安全飞行教学小组”竞赛活动

1994年，民航工会女职委紧密围绕民航总局中心工作，在全民航女职工中开展“三保”竞赛活动，即“飞行在我这里保安全，航班在我这里保正点，旅客在我这里保满意”。西北管理局将“三保”竞赛推广到全局，成为全员的活动。1996年，民航各级工会组织的竞赛活动形式多样，技术练兵比武活动广泛深入开展，有力促进了企业安全生产、优质服务和经济效益提高。民航工会配合有关行政业务部门共同组织“十万旅客话民航”“服务质量上台阶”“民航通信导航可靠保障年”等全局性竞赛活动。南方航空公司工会和西北航空公司工会等单位还开展了劳动竞赛和班组建设等方面的经验交流。

2. 进一步开展合理化建议活动

在深化企业改革中，民航一些企业存在管理水平不高，高投入、低产出、浪费严重的现象。1994年上半年，全民航各大公司不同程度地出现经济效益滑坡。为此，民航工会召开常委会议、全委扩大会议，布置开展“双增双节”活动。1994年6月，民航工会印发《关于在全民航系统深入开展“双增双节”活动的通知》，布置开展“双增双节”、合理化建议、岗位练兵等劳动竞赛，掀起了为企业兴旺献计献策的高潮。如东北管理局工会仅1994年就双增双节1200万元，全局提合理化建议858条，创经济价值近 400 万元。1995 年，民航工会开展“全国民航服务质量上台阶”活动和“95 通信导航可靠保障年”活动，组织大量岗位练兵、技术比武等活动，提高了广大职工的业务技术素质。同时，连续第二年组织开展“双增双节”提合理化建议活动，收集合理化建议 15000 多条，落实约 1/3，创效益 700 多万元，节约挖潜 1 亿多元，增收共计将近 4 亿元。

（二）维护职工权益工作迈上新台阶

随着市场经济体制进一步确立，劳动关系也随之变革和日趋复杂。1995 年 4 月 29 日，江泽民在庆祝“五一”国际劳动节暨表彰全国劳动模范和先进工作者大会上指出，工会肩负着职工群众合法权益的代表者和维护者的神圣职责①。这表明了党中央对工会以维护职工权益为基本职责的肯定。这一时期，民航工会在加强中外合资企业工会工作、宣传《劳动法》、推广劳动合同制、成立女职委等方面取得成效，推动民航职工权益保护工作迈上新台阶。

1. 加强民航中外合资企业工会工作

随着改革开放不断深入和民航事业快速发展，民航中外合资企业数量日益增加，职工人数越来越多。民航工会积极应对新形势，通过组织研讨会、制定政策文件、加强工会组织建设等措施，确保合资企业职工权益得到保护，推动工会工作在合资企业中依法独立有效开展，为中外合资企业健康发展和社会和谐稳定贡献力量。1994 年 10 月，全国总工会、国家经济贸易委员会等六部委在《关于加强外商投资企业工会工作几个问题的通知》中明确规定：对已经开业尚未建立工会组织的企业要统筹安排，制定规

---

① 全国工会干部培训基础教材编写委员会编：《中国工人运动史概论》，中国工人出版社 2023 年版，第 74 页。

划，齐心合力，保证组建任务完成。

1995 年，民航共有中外合资企业 27 家，其中已建工会的有 21 家。部分合资企业在与外商谈判签订合同时明确党组织和工会在企业中的地位，把依法组建工会写进协议，为企业合资运营后开展工作奠定基础。7 月 28 日，民航工会召开民航中外合资企业工会工作研讨会，民航总局副局长鲍培德，全国总工会副主席滕一龙出席会议，民航工会主席田风云作报告。北京航空食品有限公司工会、中国东方航空公司上海虹桥国际机场宾馆工会、广州飞机维修工程有限公司工会、大连民航大厦有限公司工会分享各自在合资企业中开展工会工作的经验。会后，民航总局党委印发《关于加强民航中外合资（合作）企业工会工作及有关问题的通知》。

2. 宣传贯彻《劳动法》

维护职工合法权益，是法律赋予工会组织的基本职责，也是工会代表职工利益的重要体现。1994 年 7 月，《劳动法》颁布，明确了在发展社会主义市场经济过程中，工会在调节劳动关系、维护劳动者合法权益中的地位、渠道和方法。12 月，全国总工会十二届二次执委会议提出以贯彻实施《劳动法》为契机和突破口，带动工会各项工作。民航各级工会积极落实全国总工会工作部署，开展法律宣传，增强职工依法维权意识，参与有关职工利益制度建设，从源头上维护职工合法权益。1995 年 3 月，民航总局直属机关工会举办《劳动法》培训班培训骨干，并通过骨干组织带动广大职工学习贯彻。8 月，广州白云国际机场工会组织机场 13 个基层单位、5000 余名职工（含临时工）参加全国总工会《中国工运》编辑部组织的《劳动法》有奖知识竞赛，参赛率达 95.6%，荣获全国总工会颁发的集体奖。

3. 全面推行劳动合同制

1995 年 1 月 1 日，《劳动法》正式实施。民航工会积极协同民航总局劳动部门在全行业推行劳动合同制度，帮助和指导职工签订劳动合同。1995 年 1 月，经会签劳动部同意，民航总局下发《民航实行劳动合同制工作安排》，提出民航实行劳动合同制工作的指导思想和进度要求。5 月，民航总局成立了由王开元副局长为组长的民航实行劳动合同制领导小组及办公室。1995 年 8 月下旬和 1996 年 2 月初，民航实行劳动合同制领导小组办公室分两次组织调研组赴华北、华东、中南、西南、西北、东北地区的民航单位进行调研，并在调研的基础上，对民航在实行劳动合同制过程中要首先解决用人制度、工时计算、工资支付、劳动合同范本、实施意见等五个方面的共性问题进行反复研究。最后，经 1996 年 2 月在天津召开的第五次办公室会议讨论，形成了《民航劳动合同制实施意见》《民航实行不定时工作制和综合计算工时工作制暂行办法》《民航加班工资支付暂行规定》《劳动合同书（范本）》等四个文件草案。经提交领导小组及总局领导研究同意，1996 年 4 月，在上海召开全面推行劳动合同制工作会议上正式印发这四个文件，作为民航全面推行劳动合同制的指导性文件。

民航各省局、航空公司的分公司、直属企业内部的分支机构相应成立劳动合同制领导小组及办公室，明确工作职责和工作计划。各级工会还广泛开展宣传，提高职工对劳动合同制的认识。各单位相继制定实施细则，绝大部分单位开始劳动合同签订工作，标志着民航劳动合同制工作进入实质性阶段。1996 年 12 月底，全行业劳动合同签订率达 99. 4%。

4. 民航工会女职工委员会正式成立

1992 年 10 月 1 日，《妇女权益保障法》开始实施。1993 年 9 月，民航总局颁布《中国民航女职工劳动保护实施办法》，要求各单位继续宣传落实《妇女权益保障法》。1995 年 9 月，联合国第四次世界妇女大会在北京召开，民航总局党委在 1994 年底下发《关于迎接第四次世界妇女大会的工作意见》，部署迎接工作的同时还对女职工工作提出了具体要求。这一阶段，民航工会女职工委员会正式成立，在开展法律宣传教育、加强女职工劳动保护、表彰先进女职工等方面做了大量工作。

1992 年 12 月 22 日，民航工会女职工委员会正式成立，成为民航工会女职工工作的领导机构。经民航局领导批准，民航工会第一届女职工委员会按照联合制、代表制原则，由于学青、万年芳等 29 位同志组成。第一届女职工委员会第一次会议选举梁性儒为副主任，并印发《中国民航工会女职工委员会条例》，明确女职工委员会是在工会领导下的具有民主性、代表性的女职工组织，其基本工作任务是团结带领民航广大女职工发扬工人阶级的主人翁精神，在改革开放和建设社会主义民航事业中建功立业，维护女职工在政治、经济、文化、社会及家庭等方面的特殊利益和合法权益。民航工会女职工委员会的正式成立，对于示范带动民航各级工会女职工委员会加强组织建设和女职工工作具有重要作用。截至 1995 年底，民航共有各级女职工委员会 452 个，占应成立委员会数量的 97%。各级女职工委员会成立后，积极开展女职工干部的培养和锻炼工作。女职工在推动民航安全发展中充分发挥“半边天”作用，不断涌现先进集体和先进个人。在“学先进，比奉献，为‘八五’计划建功立业”活动中，1992 年至 1993 年，民航工会授予 51 名同志“全国民航先进女职工”称号，35 名同志“全国民航先进女职工工作者”称号，29 个集体“全国民航女职工先进集体”称号。1996 年，民航女职工取得突出成绩，24 个单位获“全国民航先进女职工集体”称号。

（三）启动实施“送温暖”工程

工会“送温暖”活动由全国总工会发起，开始于 1992 年。从这一年起，民航工会在元旦、春节期间组织开展“送温暖”活动，活动对象包括生活困难职工、劳模、病号以及离退休职工、军烈属和病故职工家属等。活动受到广大干部职工的欢迎，对调动职工积极性、提高凝聚力发挥了很好的作用。

1992年至1997年，民航各级工会不断拓宽“送温暖”活动救济资金筹措的渠道，增加资金筹措金额，扩大活动面和影响面。民航工会开展对基层情况摸底，实行有针对性的重点慰问。民航局领导带队分赴全国各边远地区的基层单位，探望慰问困难职工、一线职工和劳动模范。

1996年元旦、春节期间，民航总局局长陈光毅、副局长鲍培德及民航工会主席田风云，带队分赴全国各地，对边远地区、地震灾区的民航基层单位职工开展“送温暖”和慰问活动。民航总局和民航工会共送慰问金75万余元，各级工会筹集大量资金，为基层职工解决实际困难。1997年，民航工会召开会议研究具体措施，在民航总局财务司等部门大力支持下，筹集441.2万元下拨到各基层单位，要求专款用于帮助困难职工；在元旦、春节期间，民航工会机关共分五路，到边远航站、困难企业对职工进行慰问。

（四）民航职工在向市场经济过渡中的贡献

1992年以来，随着社会主义市场经济体制的建立，我国民航市场化发展水平不断提升，民航职工推动航空运输大幅增长。1995年，民航共有运输飞机852架，完成旅客运输量5117.1万人，运输总周转量71.4亿吨公里，较1992年分别增长77.3%和66.6%。共有航线797条，其中国内航线694条、国际航线85条，国内通航城市133个、国际通航国家31个、通航港澳城市达17个。截至1996年底，我国各类航班营运机场142个[①]。

这一时期，在科技日新月异与法治建设日益完善的时代背景下，民航职工齐心协力，推动行业科技发展、法治建设等取得显

① 李军编：《中国民航年谱（1949—2010）》，中国民航出版社2012年版，第193页。

著成就。1995 年 8 月，中国民航科学技术大会召开。10 月，民航总局党委印发《关于加速民航科学技术进步的决定》，全面部署贯彻“科技是第一生产力”的理念。10 月，全国人大常委会通过《中华人民共和国民用航空法》，自 1996 年 3 月 1 日起实施，标志着我国民航事业步入依法治理的新纪元。

二、在世纪之交的突破与发展

世纪之交，中国所处的国际环境正在发生巨大而深刻的变化。经济全球化趋势的发展和科学技术的突飞猛进，使得一场全球范围内的激烈国际竞争正在展开。随着经济全球化的发展和中国加入 WTO，中国和世界的联系更加紧密。这就要求中国工人阶级和工会必须以更加宽广的视野去认识和把握中国与世界的发展大势，勇于应对面向 21 世纪的挑战，主动承担起在新世纪实现中华民族伟大复兴的历史重任，展示更大作为。

1997 年 9 月，党的十五大召开。大会指出，工会、共青团、妇联等群众团体要在管理国家和社会事务中发挥民主参与和民主监督作用，成为党联系广大人民群众的桥梁和纽带。1998 年 10 月，中国工会第十三次全国代表大会召开，大会将“团结和动员广大职工为深化改革、促进发展、维护稳定，实现‘九五’计划和 2010 年远景目标建功立业”作为未来五年工作的主要任务目标。

党的十五大和中国工会十三大以后，中国工人运动进入了世纪之交的大转变时期。工人阶级在纷繁复杂的国内外环境下，与全国人民一起，面对各种严峻挑战，坚定地支持和推进改革开放和现代化建设。民航工会团结动员广大职工高举邓小平理论伟大旗帜，努力践行“三个代表”重要思想，在改革中不断推动民航事业发展取得了显著成绩，为国家经济建设发展作出了重要贡献。

（一）提高自身素质助力经济效益增长

民航职工在工会组织引领下，不再局限于传统的职业定位，而是积极拥抱变革，勇于探索多元化的职业发展路径，秉持持续学习、终身学习的理念以适应时代变化，提升个人竞争力，助力经济效益增长。

这一时期，民航职工通过参加各类技能活动提升自身素质。民航各单位组织开展“双增双节”、技术改造、提合理化建议等多种活动。例如，西北航空公司开展了技术业务素质擂台赛，参加职工达 5640 人次。国航飞行总队二大队向队内全体飞行员发出“我为公司节省开支 2 万元”倡议，通过准确掌握飞机下降时间、准确记录飞行时间、正确掌握 APU 启动时间，全年节约成本 1387 万元。北方航空公司注重实效，全年开展的合理化建议活动创效益 3310 万元。

1997 年至 2002 年，西南管理局、西北管理局、北方航空公司、国际航空公司、南方航空公司、西北航空公司六个单位的职工共提出 2057 条合理化建议，其中 278 项被采纳，创造了 6351 多万元的经济效益，节约了 2289 万元的成本。2001 年民航系统各单位以行业、岗位和工种为基础，组织职工参加合理化建议活动，全年共收到职工建议 4278 条，采纳 977 条，创造经济效益 16539 万元，节约成本 1521 万元。同时，完成了 62 项技术改造，带来经济效益 2041 万元。双增双节活动也为民航系统增收了 9029 万元。

（二）为职工办实事取得新突破

中国工会十三大提出的工会工作总体思路是突出工会的维护职能，明确维护职工合法权益是维护全国人民总体利益与维护职工具体利益的统一，既维护职工的经济利益，又维护职工的政治权利和精神文化权益，并把职工的积极性引导到改革开放上来。这一时期，民航各级工会依法主动维权，围绕职工的民主权利、经济利益、精神文化权益、劳动健康权益、女职工权益以及拓展解困帮困工作内容等方面，为职工办实事取得新突破。

1. 维护职工的民主权利

1997年5月，民航工会与民航总局人事劳动司联合转发《全国总工会关于职工代表大会民主评议企业领导干部的实施意见》，并于11月在新疆航空公司进行职代会民主评议企业领导干部的试点工作。同月，民航管理干部学院教代会在民航工会与民航总局人事劳动司、科技教育司等部门共同指导下，顺利完成评议工作。年底，在总结试点单位经验基础上，民航工会制定下发《民航企业职工代表大会民主评议企业领导干部实施意见》，指导各级工会积极稳妥地开展此项工作。各航空公司及其分公司、各省局、其他直属公司、院校等有职代会、教代会的企事业单位，都先后在职（教）代会上对中层以上干部进行测评。截至2000年9月底，职工代表大会开展民主评议企业领导干部工作的公有制企业单位达156个，占已建工会组织的公有制企业的80%。

在开展民主评议企业领导干部的同时，民航工会通过推行厂务公开工作，持续推进基层民主管理。厂务公开是20世纪90年代末最热门的话题之一，是通过依托职工代表大会制度和企事业单位内部信息公开形式，以扩大职工的知情权和落实对干部的民主监督为出发点的基层民主政治建设活动。1999年2月，中央纪委、国家经贸委、全国总工会联合下发《关于推行厂务公开制度的通知》。民航系统随后围绕推行厂务公开制度做了大量工作（见表5）。

表 5　民航系统厂务公开推行相关情况

时间	主体	工作内容
1999 年 9 月	民航总局党委	成立民航推行厂务公开制度领导小组及办公室
1999 年 10 月	民航厂务公开领导小组	在河北石家庄举办民航厂务公开培训班
1999 年 11 月	民航总局党委	下发《关于印发鲍培德同志在民航推行厂务公开制度培训班上的讲话的通知》
1999 年 11 月	民航工会	下发《关于印发李建玉、高宏峰、田风云同志在民航推行厂务公开制度培训班上的讲话的通知》
2000 年 3 月	民航工会全委会	印发《关于转发民航飞行学院、民航贵州省管理局推行厂务公开制度有关文件的通知》
2000 年 5 月	民航总局	下发《关于民航推行厂务公开制度实施意见》
2000 年 11 月	民航总局	召开民航厂务公开工作情况汇报会
2000 年 11 月	民航总局	召开全国民航厂务公开工作经验交流会

截至 2000 年底，民航有 33 个直属企事业单位启动厂务公开工作，占应启动单位的 97%，覆盖职工达 99%。2001 年，民航直属企事业单位全部启动厂务公开工作。11 月 20 日，全国民航厂务公开工作经验交流会在北京召开，14 家单位在会上作了经验介绍。厂务公开工作的普遍开展，强化了民航企业内部的监督制约机制，使企业决策的科学化、民主化水平得到提高，有效地加强了社会主义基层民主政治建设。

2. 维护职工的经济利益

建立民航集体协商、集体合同制度。集体协商和集体合同制度是维护职工经济利益的重要抓手。中国工会十三大提出，要力争用三四年时间，在绝大多数企业中把平等协商和集体合同制度建立起来，使集体合同覆盖绝大多数职工。为保障民航职工劳动权益，民航各级工会组织职工积极参与到建立集体协商和集体合同制度的进程中。

1997 年至 1998 年，民航工会会同民航总局人事劳动司印发《民航总局所属企业建立集体协商和集体合同制度实施办法》《民航集体合同范本》；举办民航企业建立集体协商和集体合同制度研讨班，加强骨干培训和制度宣传；以“积极稳妥、搞好试点、逐步推开”为原则，选取北方航空公司、浙江省局及西安咸阳机场 3 个不同类型的单位，进行集体合同“建制”工作试点。1998 年 2 月，民航总局在成都召开民航推行平等协商和集体合同制度工作会议，3 家试点单位介绍做法与经验，为全行业开展“建制”工作提供借鉴。此后，各单位坚持实事求是、群众路线，推动集体合同签订顺利开展。

截至 1998 年底，民航系统已签集体合同单位 50 个，签订率达 98%。1999 年 3 月，最后一个企业签订集体合同，标志着民航系统贯彻实施《劳动法》、建立集体协商和集体合同制度工作取得阶段性成果。进入 2000 年，随着第一轮集体合同的到期，部分单位在广泛征求职工意见和建议的基础上，及时修订、续签集体合同，确保了劳动关系的稳定。

深入开展职工“普法”活动。1997 年至 2002 年，民航各级工会围绕《工会法》《劳动法》《安全生产法》《职业病防治法》《妇女权益保障法》《婚姻法》等，组织多种形式的宣传活动，提升职工法律素养。各级工会积极推动企业依法健全企业劳动争议调解委员会、企业劳动法律监督委员会，做好劳动争议调解，把矛盾化解在基层；组织开展职工法律咨询活动，增强职工的法律意识，为职工提供法律服务和法律援助。2001 年 10 月，第九届全国人大常委会第二十四次会议审议修正《工会法》。《工会法》

修正颁布后，民航工会推动各单位通过多种形式开展宣传、学习活动，增强广大职工的法律意识，督促企业自觉遵守和执行《工会法》等国家法律法规。

3. 维护职工的精神文化权益

2002 年 7 月，全国总工会在《党的十四届六中全会以来工会开展精神文明建设情况的调查报告》中指出，六年来，各级工会按照党委的统一部署，创造了许多新鲜经验，开辟了许多新的形式和途径，开创了有工会特色的精神文明建设的新局面。

民航工会广泛组织开展的各类文体活动，既加强了职工的精神文明建设，也维护了职工的精神文化权益。1997 年 1 月，由民航工会推荐的舞蹈《欢腾的帮达》和《富裕的日子像朵花》以及舞蹈的创作者、编导者等 5 位同志，在第六届全国“群星奖”评选中获得文化部颁发的优秀奖。4 月，民航工会组织海峡两岸民航职工篮球友谊比赛，台湾中华航空公司男子篮球队先后在北京、上海、广州 3 地与国航、东航、南航、上航、首都机场、白云机场男子篮球队进行 6 场比赛，增进了两岸民航职工的友谊。5 月，民航工会在珠海举办香港、内地民航业足球赛，香港机场、珠海机场、国航、海航四支球队参加比赛，中央电视台等新闻媒体进行报道。1999 年 11 月，民航工会在北京人民大会堂举办庆祝新中国民航成立 50 周年暨纪念“两航”起义 50 周年文艺演出。同月，民航参加全国产业系统文艺展演，3 个金奖节目入选“天骄—民航篇”。2000 年 12 月，全国总工会、中国文学艺术界联合会等在北京举办“中外建三峡杯”新世纪工人歌曲颁奖及优秀作品音乐会，民航直属企事业单位共有 4 首作品获奖。

4. 维护职工劳动健康权益

1999 年，全国总工会和国家经贸委发起开展“安康杯”竞赛活动。该活动是一项以促进企业安全生产和职工职业健康为核心的群众性竞赛活动，旨在通过竞赛形式推动企业落实安全生产规章制度，提升职工安全意识、遵规守章意识和应急技能。2000年，民航工会会同民航总局航安办组织8个直属航空公司6.7万多名职工参加“安康杯”竞赛。2001年，民航工会同民航总局航安办在行业内开展以“我要安全，我懂安全，人人尽责，确保安全”为主题的“安康杯”竞赛，来自飞行、机务、空管、机场、油料等系统的101个单位、近9万名职工报名参赛。截至2002年，民航共有20个单位获全国“安康杯”竞赛优胜奖、28个单位获民航“安康杯”竞赛优胜奖，各有3个单位分获全国“安康杯”竞赛组织奖和民航“安康杯”竞赛组织奖。2000年以来，民航工会借助竞赛平台充分调动广大干部职工的积极性和创造性，不断提高竞赛水平，民航系统参赛单位和职工逐年增加，已成为全行业普遍开展、知名度高、影响力大的群众性安全生产活动。

5. 加强维护女职工权益

1998年1月，民航工会与民航总局人事劳动司联合下发《关于认真检查总结〈女职工劳动保护规定〉贯彻落实情况的通知》，要求各单位按照《民航女职工劳动保护实施办法》逐条进行自检。各级工会女职工组织参与集体合同建制全过程，督促各单位把《民航女职工劳动保护实施办法》的内容写进集体合同文本，从源头上维护女职工的合法权益和特殊利益。

1998年4月，民航工会女职委下发《关于建立并启动“民航女职工特殊保护互助基金”有关事宜的通知》，开展女职工互助互济保障活动，为患癌女职工送去温暖、献上爱心，为广大女职工建立一道自我保护的防线。截至2002年底，“民航女职工特殊保护互助基金”累计发放75万元，帮助了75位身患癌症的女职工。

为加强女职工培训，1997年民航工会与民航总局人事劳动司联合在民航管理干部学院举办第一期“民航女干部培训班”，选拔具有大专学历的 34 名科级以上干部开展为期一个月的集中学习。1998 年 10 月，民航工会在乌鲁木齐举办第五期女职工干部培训班，围绕邓小平理论学习、女职工素质提升、家庭文化建设等内容对 120 多名工会女职工干部进行培训。2001 年 10 月，对 228 名专（兼）职女职工工作者进行“民航女职工管理信息系统”应用培训。

各级工会女职工委员会通过“三八”节表彰、宣传全国和民航先进女职工个人和集体，为广大女职工树立榜样。2001 年 12 月 6 日，民航工会下发《民航系统贯彻〈中国妇女发展纲要〉（2001—2010 年）实施意见》。2001 年，各级工会共组织 11082 人次参加学习宣传《婚姻法》和《中国妇女发展纲要》活动。

6. 拓展解困帮困工作内容

民航“送温暖”工程进入新世纪又有新突破。1999 年底，全国总工会十三届二次执委会议提出，各级工会要深入实施“送温暖”工程，对帮扶特困职工承担起第一责任人的职责，保证不让一名特困职工生活过不下去。

每年元旦、春节期间，民航总局领导带队走访慰问困难职工和边远航站、导航台职工。1998 年，民航工会开展关心下岗职工的基本生活保障和再就业工作，6 月下发《关于配合做好减员增效、下岗分流及下岗职工基本生活保障和再就业工作的通知》，要求各级工会建立下岗、转岗情况统计上报制度，对生活困难的职工进行帮助。1998 年至 2001 年，各级工会通过建立困难职工档案、对特困职工给予特别关爱等方式实现“送温暖”活动常态化，慰问金从 1998 年的 480 万元增加至 2001 年的 1561 万元（见表 6），4 年共送慰问金 3230 万元。

表 6　1998 年至 2001 年各级工会积极开展“送温暖”工作情况汇总

年度	慰问金（万元）	慰问单位（个）	慰问职工家庭（户）	慰问人员（人）
1998 年	480	579	-	17612
1999 年	541	196	2368	6122
2000 年	648	90	4455	-
2001 年	1561	594	-	45109

民航院校学生是民航发展的重要后备人才资源，每年都有一些学生因经济贫困而影响学业。为了不让每一名品学兼优的学生因经济贫困而辍学，民航工会研究决定进一步扩大“送温暖”活动范围。1998 年 5 月，设立困难学生助学基金，并在 10 月印发《民航困难学生助学基金管理试行办法》，帮助特困学生完成学业。10 月 16 日，在民航学院举办“困难学生助学基金首发仪式”，124 名困难学生成为首批受惠者。至 2002 年底，“民航困难学生助学基金”累计发放 44 万元。

（三）加强工会自身建设

面对世纪之交的新形势、新挑战，民航职工不断提升自我素质以适应新世纪要求，民航工会也不断加强组织建设和干部队伍建设，扩大对外交流，进一步增强工会工作生机和活力。

为贯彻落实中国工会十三大精神和全国总工会有关工作部署，民航工会加大工会组建和会员发展力度。经过努力，民航工会基层组织进一步健全，会员队伍不断壮大。截至 2000 年 9 月底，民航直属企业共有职工 183028 人（女职工 47653 人），其中工会会员 151875 人，入会率达 83%。共建有基层工会 1201 个，占应组建工会的 99.8%，下设有工会分会（车间、科室一级）2521 个、工会小组 12354 个。有专职工会干部 1044 人，其中获得工会干部上岗资格证的 690 人，占 66.1%。各级工会共有兼职工会干部 2603 人，有工会积极分子 15622 人。

中国工会十三大以来，各级工会高度重视工会干部队伍建设，加强工会干部培训，努力提高工会干部队伍素质。1998 年 4 月和 6 月，民航工会分别在昆明和广州举办了工会专职主席培训班和工会财务干部培训班。在民航总局政治部支持下，民航管理干部学院的党校进修班、工商管理培训班等课程中特别增设了工会知识课程，传授职工代表大会和工会运作的相关知识。1999 年，在各级工会组织的各类干部培训活动中，共有 2000 余名专（兼）职工会干部接受培训。其中，民航工会培训 140 余名基层工会干部，并选派 16 名基层工会干部参加全国总工会举办的工会法律培训班。

这一时期，民航工会对外交流蓬勃开展。1993 年 11 月，民航工会接待白俄罗斯工会联合会代表团成员来访。1994 年 10 月，应西班牙工人委员会国家运输、通讯和海运联合会邀请，以中国民航工会主席田风云为团长的中国民航工会代表团对西班牙进行访问，两国工会建立起直接联系。1995 年 11 月，应中国民航工会邀请，西班牙工人委员会航空工会代表团访华。双方就签订集体合同、劳动合同、工会代表参加董事会和监事会、执委会及加强今后联系交往等方面交换了意见，并就每年互派代表团访问考察一事达成共识。1996 年 11 月，中国民航工会接待希腊劳工联合会代表团。1997 年 5 月，以中国民航工会主席田风云为团长的中国民航工会代表团对希腊民航工会进行友好访问。11 月，应中国民航工会邀请，西班牙工人委员会航空工会代表团来华进行友好访问。1997 年 10 月，应全日本交通运输产业劳动组合协议会邀请，以中国民航工会副主席赵炎松为团长的中国交通运输系统工会代表团对日进行友好访问。

除与欧洲、亚洲地区国家的交流合作外，港澳台地区的民航工会也是中国民航工会开展交流的重要对象。1998 年 10 月，港九民用航空事业职工总会代表团，对中国民航工会进行了友好访问。2001 年 5 月，应中华全国总工会和中国民航工会邀请，台湾华航产业工会代表团来北京、西安、成都和昆明进行了友好访问。8 月，应台湾华航产业工会和台湾航空工业工会联合会邀请，以中国民航工会副主席安金林为团长的中国民航工会代表团对台湾进行了访问。

（四）民航职工在世纪之交的贡献

1997 年以来，在亚洲金融危机冲击与国内运价上调的双重影响下，我国航空运输业的增长动力有所放缓，民航职工积极应对，不断提升服务质量，助力民航业恢复发展。截至 2002 年底，民航共开辟航线 1176 条，其中国内航线 1015 条、国际航线 161 条，国内通航城市 130 个，国际通航国家 32 个，通航港澳城市达 37 个。1997 年至 2002 年，完成旅客运输量 40368 万人，货邮运输量 1005 万吨，年平均增长率分别为 6.83%和 12.05%[①]。

这一时期，民航有 10 人被授予全国劳动模范，13 个单位被授予全国五一劳动奖状，27 人被授予全国五一劳动奖章，各有 1 人分获中华技能大奖、全国技术能手、全国十大杰出职工荣誉，47 人被授予全国民航劳动模范，13 个集体被授予全国民航先进集体。其中，1998 年、2000 年，由民航工会与民航总局人事教育司推荐，国家劳动和社会保障部授予西南航飞维修公司黄金玉和北京飞机维修工程有限公司翁志光中华技能大奖。这是民航职工首次获得表彰岗位技能的国家级奖项。

1999 年 5 月 8 日凌晨，以美国为首的北约轰炸我国驻南斯拉

① 李军编：《中国民航年谱（1949—2010）》，中国民航出版社 2012 年版，第 199—225 页。

夫大使馆，造成馆舍损毁和人员伤亡。5 月 9 日，国航派出飞行总队第五大队大队长刘晋平带领机组执行赴南斯拉夫的专机飞行任务，安全接回我国驻南斯拉夫大使馆工作人员，受到江泽民的赞扬。刘晋平先后被评为全国民航劳动模范，荣获全国五一劳动奖章，并获得“首都楷模”“全国十大杰出职工”等荣誉称号，2000 年被评为北京市劳动模范，同年被评为全国劳动模范。

第十章
在全面建设小康社会中奋发有为（2002—2012）

进入 21 世纪后，党的十六大指出，我国已经进入全面建设小康社会、加快推进社会主义现代化建设的新的发展阶段。在各级工会的组织动员下，广大职工在全面推进建设小康社会中充分发挥工人阶级主力军作用，作出了巨大贡献。民航工人运动和工会工作迎来了前所未有的机遇与挑战。民航工会坚持在民航总局党委（民航局党委、民航局党组）和全国总工会领导下，围绕民航改革发展稳定大局，引领民航职工为推动我国民航事业快速健康发展贡献智慧和力量。2005 年，中国航空运输总周转量跃居世界第二位，标志着中国民航跃进世界民航大国之列，这是我国民航改革开放近 30 年追赶世界民航发展伟大成就的结晶，是中国民航从世界民航大国开始向世界民航强国迈进的新起点①。

一、在推进全面建设小康社会中跻身民航大国

2002 年 11 月，党的十六大召开，提出了全面建设小康社会的历史任务，确立了新的奋斗目标和行动指南，为工人运动和工会工作指明了方向。2003 年 9 月，中国工会第十四次全国代表大

① 李军、林明华：《中国民用航空史》，中国民航出版社 2019 年版，第 175 页。

会召开，大会团结动员全国工人阶级在全面建设小康社会、加快推进社会主义现代化的历史进程中发挥主力军作用，努力开创新世纪新阶段工会工作的新局面。中国工会十四大召开后，党领导中国工会立足历史方位的变化，深入探索研究新的历史条件下工会工作的特点和规律，形成了中国特色社会主义工会发展道路，确立了“组织起来、切实维权”的工作方针，树立了“以职工为本，主动依法科学维权”的工会维权观，明确了“促进企业发展、维护职工权益”的企业工会工作原则，为推动科学发展、经济结构战略性调整、促进社会和谐、维护社会稳定作出了重要贡献。

民航业作为国家现代化建设的重要支柱，迎来了前所未有的发展机遇。民航职工紧紧围绕全面建设小康社会的宏伟目标，以高度的主人翁精神和历史责任感，投身民航大国建设的伟大实践。

2003 年 7 月 24 日至 26 日，民航工会四届一次全委会议在北京召开。这次会议是在进入新世纪后，改革开放逐步进入攻坚时期的背景下召开的。民航总局局长杨元元、全国总工会副主席孙宝树出席会议。民航总局副局长、民航工会主席高宏峰作工作报告。会议明确了今后一个时期民航工会的工作任务：依法维护职工的经济利益、民主权利和精神文化利益，不断提高广大职工的思想道德和科学文化技术素质，为实现民航强国的发展目标培养一支高素质的新型劳动者队伍；以安全为主题，继续开展“安康杯”竞赛活动，继续开展经济技术创新工程，以基层为主，突出工种和行业特色，组织开展岗位练兵和技术比武，培养和造就一大批岗位创新能手；夯实工会组织基础，加强工会自身建设；依照《工会法》，在新的形势和工会组织结构发生变化的情况下，整顿和重建改制企业工会组织。会议选举产生民航工会第四届全国委员会常务委员会，高宏峰当选为主席，安金林当选为常务副主席。经费审查委员会四届一次会议选举谭星禄为经审会主任。

（一）以主动创造精神投身民航改革发展

随着社会主义市场经济体制建立、市场供求变化和国际民航业竞争日趋激烈，民航管理体制、运行机制方面的一些深层次矛盾和问题逐步显现，进一步深化民航体制改革成为一项紧迫任务。2002年3月，国务院发布《关于印发民航体制改革方案的通知》，民航开始实施以政企分开、政资分离、机场属地化管理、民航行政和公安管理体制改革为主要内容的新一轮改革。民航成为交通行业首家完成政企分开、政资分离的部门，形成了现代化民航管理体制。在这一轮重大改革中，民航职工以主动创造精神，积极投身改革实践。

1. 构建适应新管理体制的工会组织体系

2001年3月28日，国务院第97次总理办公会议讨论并原则同意了《关于深化民航体制改革总体框架及直属航空运输企业重组方案》，民航改革重组工作正式启动。2002年10月，联合重组后的中国航空集团公司、中国东方航空集团公司、中国南方航空集团公司、中国民航信息集团公司、中国航空油料集团公司、中国航空器材进出口集团公司（以下简称民航六大集团公司）宣布成立。

民航体制改革之初，民航工会及时研究改革后工会组织体系建设问题。2002年11月，民航工会向全国总工会上报《关于明确民航六大集团公司与民航总局脱钩后工会的隶属关系的请示》。12月，全国总工会下发批复，规定“新组建的民航六大集团公司工会接受中国民航工会和集团公司所在地省（市、区）总工会的双重领导，以中国民航工会领导为主”，进一步明确了民航六大集团公司工会与民航工会的关系，确保了民航工会组织体系的完整性。

2004年民航体制改革完成，为及时适应行业改革不断深化、现代企业制度逐步建立的新形势，民航工会积极探索建立适应民航新的管理体制的工会组织建设新模式。具体而言，第一，积极探索创新民航工会组织形式，着力维护民航工会体系的完整性；第二，强化与地方所属机场工会、民营航空公司工会的联系，及时吸纳部分单位进入民航工会全委会和地区管理局工会委员会，提升民航工会的覆盖面；第三，全力争取有关部门的支持，在地区管理局改革“三定”方案中明确工会机构设置和人员编制，为充分发挥地区管理局工会作用夯实基础；第四，在民航空管“一体化”改革后，调整理顺空管系统工会组织体制。上述举措理顺了民航系统的工会组织体系，有效达成了在民航改革中工会组织关系不断、队伍不散、运行顺畅的目标，维护了民航行业的系统性。

这一时期，民航工会通过多种形式和途径，推动工会干部队伍建设，形成了素质较高的工会干部队伍。全行业基本实现工会主席按同级党政副职配备和管理，为工会工作的顺利开展提供了有利条件。工会干部教育培训工作成效明显。民航工会按照“实用、短期、分级”的原则，举办各类培训班，培训专（兼）职工会干部，选调基层工会干部参加上级工会培训。各级工会结合实际，通过集中授课、以会代训、观摩考察等方式开展教育培训，促进工会干部完善知识结构、创新工作思路，推动工会工作深入开展。据统计，2005 年至 2007 年，各级工会共举办学习培训班 1592 期，培训专（兼）职工会干部 23332 人次。

2. 首创行业多个特有工种技能大赛

2003 年 12 月 17 日，温家宝为民航题词：“深化民航体制改革，建设一支过得硬的高素质民航队伍。”为贯彻落实这一重要指示精神，民航系统结合国家“人才强国”战略，深入实施“科教兴业”和“人才强业”，持续加大人才培养力度。民航工会与有关部门密切配合，通过组织岗位练兵、技术比武等活动，激发广大职工学习技术、掌握技能的热情，加快民航行业高技能人才建设。自 2005 年起，民航工会先后举办了机场安检、乘务、航油储运、空警安全员、空管等民航特有工种的职工职业技能大赛（见表 7），吸引 5 万多人参与。通过自下而上的竞赛选拔，一大批优秀高技能人才脱颖而出，200 多人晋升等级，156 人获得技师称号，8 人获得“全国技术能手”称号，12 人获得全国五一劳动奖章。

表 7　2005—2007 年民航行业技能大赛情况

决赛时间	竞赛名称	决赛参与组织数（个）	决赛参与人数（人）
2005 年 11 月	全国民航机场安全检查职业技能大赛决赛暨首批民航安全检查员技师选拔活动	10	60
2006 年 12 月	首届中国民航乘务员职业技能大赛暨乘务员技师选拔活动	9	120
2006 年 12 月	首届中国民航油料储运员职业技能大赛暨民航油料储运员技师选拔活动	18	59
2007 年 11 月	首届中国民航空中警察、安全员岗位技能大赛	9	90
2007 年 11 月	首届中国民航空管（通信、导航、监视）岗位职业技能大赛	7	96

3. 实施女职工提素建功工程

2004 年，按照全国总工会女职工委员会“311”工作计划①，

① 2004 年全国总工会女职工委员会四届二次会议确定了今后五年的工作任务，决定全面启动工会女职工组织“311”工作计划：大力实施“女职工建功立业工程”“女职工素质提升工程”“女职工爱心帮扶工程”，深化维护女职工权益行动，夯实工会女职工组织的自身建设基础。

民航工会在全系统实施了“女职工建功立业工程”和“女职工素质提升工程”。截至 2007 年，全系统参与“女职工建功立业工程”75031 人，占女职工总数的 78.98%；组织岗位练兵、技术比武 4439 场，参赛女职工 57154 人；开展技术革新、技术攻关 1374 项；参与合理化建议活动 10462 人，提出合理化建议 3461 个，创经济效益 88.597 万元；9114 名女职工获得各类荣誉称号。全系统参与“女职工素质提升工程”70144 人，占女职工总数的 73.83%；开办女职工夜校、周末学校 11 所，各类培训班 5635 期，7162 名女职工参加学习，走上中层及以上领导岗位的有 1135 人，7214 名女职工学历和 6172 名女职工技术等级各上一个档次。女职工参加企业生产的能力和自身素质上了新的台阶。

4. 加强对外交流互访

2003 年 12 月，应埃及空运工会邀请，以中国民航工会常务副主席安金林为团长的中国民航工会代表团对埃及进行友好访问和交流，并与埃及空运工会签订了双方互访协议。自此，2004 年至 2007 年，中国民航工会与埃及空运工会共进行 5 次交流互访，双方就维护职工合法权益等问题进行了交流。

2002 年至 2007 年，民航工会多次与台湾华航产业工会代表团进行友好互访，其中 2004 年双方进行了 4 次友好互访。此外，2002 年 9 月，应中国民航工会邀请，台湾华航产业工会代表团来上海、大连、哈尔滨和北京进行了友好访问。2003 年 9 月，台湾航空业工会联合会代表团到江西、北京两地民航单位进行参观访问。2007 年 6 月，应中华全国总工会和中国民航工会邀请，台湾华航产业工会代表团到湖南、贵州与南方航空公司工会进行工作交流和考察。

（二）贯彻“组织起来、切实维权”工作方针

2003 年 12 月，全国总工会十四届三次主席团会议提出将

“组织起来、切实维权”作为工会工作的重点。2004 年 12 月，全国总工会十四届二次执委会议把该方针确定为工会工作方针。民航工会牢牢把握全面建设小康社会主题，坚持“组织起来、切实维权”的工作方针，全面履行各项职能，注重构建和谐劳动关系，充分维护职工合法权益，团结动员民航职工发挥主力军作用，有力推动民航安全生产和经济效益提高。

1. 开展劳务工入会及其维权工作

面对民航系统劳务工队伍规模迅速扩大、岗位分布广泛的情况，2005 年 5 月和 8 月，民航工会先后下发《关于依法指导劳务工加入工会的指导意见》和《关于深入开展劳务工情况调研的通知》。各单位工会通过统计、走访、召开座谈会等形式，对本单位劳务工进行全面调查，基本摸清了劳务工的基本情况。据统计，截至 2005 年底，全行业劳务工人数已达 7.7 万余人，占民航职工队伍总数的 24.8%，劳务工已成为保障民航发展的一支不容忽视的生力军。11 月底，民航工会召开劳务工状况及劳动合同调研情况汇报会，通过《中国民航报》《民航政工》等行业新闻媒体和《民航工会简报》对劳务工入会及维权典型经验做法进行宣传，为各单位提供借鉴和参考。

在各级工会共同努力下，全行业劳务工入会率由 2005 年初的 33%上升到 2006 年的 42%。2006 年，上海机场、上航、川航、深航、中航信、中航材等单位劳务工入会率超过 90%。随着劳务工入会率的提高，越来越多的劳务工通过工会渠道维护自身合法权益，工会也积极协调解决涉及劳务工切身利益的问题，切实提升劳务工的职业认同感和归属感。

2. 构建和谐劳动关系

为贯彻落实全国总工会关于开展创建劳动关系和谐企业活动的部署，更好地维护行业劳动关系的和谐稳定，2006 年，民航工会在全行业启动劳动关系和谐企业创建活动，加强组织指导，开展评选表彰工作。2007年3月，民航工会印发《开展创建劳动关系和谐企业活动实施方案》。方案下发后，各单位迅速成立创建劳动关系和谐企业领导小组，依据方案规定的10项内容和42项细化指标，组织开展创建活动。6月，《劳动合同法》全文公布。各单位工会将贯彻实施《劳动合同法》与创建活动紧密结合，广泛开展普法宣传，积极协调督促行政部门修订完善劳动合同条款，依法规范劳动用工行为，为构建民航和谐稳定的劳动关系奠定基础。9月，民航总局授予8家企业“全国民航先进劳动关系和谐企业”称号；经民航总局推荐，国家协调劳动关系三方①共同评选，中国航空集团公司和重庆机场集团有限公司被评为“全国模范劳动关系和谐企业”。

★ 2007年5月30日，全国民航“安康杯”竞赛活动表彰暨经验交流会召开。

3. “安康杯”竞赛取得新发展

民航各级工会精心组织、层层动员部署，使“安康杯”竞赛

① 人力资源社会保障部、中华全国总工会、中国企业联合会/中国企业家协会、中华全国工商业联合会。

向所有涉及安全的关键岗位渗透。2002 年至 2007 年，“安康杯”竞赛活动主题涉及宣传培训、安全生产、遵章守纪等方面，累计报名参赛企业 573 家次，参赛职工从 10 万人增至近 16 万人，参与职工总数超 75 万人次。各级工会以“安康杯”竞赛为载体，加强职工安全生产教育，有效提高了全员安全生产责任意识，为保障企业安全生产运行，维护职工安全健康权益发挥了积极作用。活动涌现出大批先进典型，95 个次单位先后获全国优胜企业奖，42 个班组获全国优秀班组奖，11 个单位获全国优秀组织单位奖，27 人获全国优秀组织个人称号。

（三）民航职工在建设民航大国中的贡献

在全面建设小康社会的关键阶段，我国经济实现了快速发展，人民生活水平显著提高，民航业迎来了重要发展机遇。民航职工开拓创新、担当作为，为实现民航大国目标作出了杰出贡献。2005 年，中国航空运输总周转量达到 261.3 亿吨公里，跃升全球第二。2007 年，共有运输飞机 1847 架，完成旅客运输量 18576 万人、货邮运输量 401.8 万吨，较 2002 年分别增长 116.24% 和 98.81%；共有航线 1506 条，其中国内航线 1216 条、国际航线 290 条，国内通达城市 146 个、国际通达国家 43 个，通航港澳台城市 41 个。

2003 年 1 月 26 日至 2 月 10 日，台湾 6 家航空公司共执行 16 架次春节台商包机，从台北、高雄经香港、澳门飞往上海，运送旅客 2478 人，实现了新中国成立以来台湾航空公司首次正式获批飞往祖国大陆的历史性突破。

2003 年第二季度，全球范围内暴发“非典型性肺炎”（SARS）疫情，对中国航空市场造成了巨大冲击。民航各单位迅速响应国家统一部署，启动紧急预案，全方位、多层次实施“非典”防控措施，守护旅客生命安全，维持航空运输平稳运行。在疫情冲击下，2003 年第二季度客运量下降 48.9%，当季少运旅客达 1000 余万人次，航空公司遭受严重的经济损失，运输收入锐减近 100 亿元，多家航空公司陷入巨额亏损困境。随着疫情的逐步消退，6 月 30 日民航总局实施“蓝天振兴”计划①，航空运输生产迅速恢复，下半年航空运输三项指标（客运量、货运量、飞行小时）同比分别增长 14.7%、20.1%和 14.3%。全年来看，尽管受到“非典”疫情的冲击，但民航业依然保持正增长，3 项指标同比分别增长 3.6%、1.9%和 8.4%。

2002 年至 2007 年，民航一大批先进职工受到党中央、国务院、全国总工会以及民航工会的各类表彰。2005 年 4 月 30 日，全国劳动模范和先进工作者表彰大会在人民大会堂召开，大会授予民航 12 名职工“全国劳动模范”称号。其间，全国总工会每年（2005 年除外）表彰全国五一劳动奖，民航共有 19 个单位、31 人分别荣获全国五一劳动奖状和全国五一劳动奖章。民航工会先后于 2004 年和 2007 年开展评选全国民航劳动模范和全国民航先进集体活动，共评选表彰全国民航劳动模范 80 人，全国民航先进集体 53 个。民航总局局长杨元元出席 2007 年全国民航劳动模范和先进集体表彰大会并讲话。

二、在夺取全面建设小康社会新胜利中迈向民航强国

2007 年 10 月，中国共产党第十七次全国代表大会在北京召开。大会高举中国特色社会主义伟大旗帜，为夺取全面建设小康社会新胜利而奋斗作出部署。党的十七大报告是指引工人阶级和全国各族人民夺取全面建设小康社会新胜利、开创中国特色社会

① “蓝天振兴”计划的主要内容有：坚决贯彻“安全第一”的方针；继续依法、科学、规范、有序地做好“非典”防控工作，恢复公众信心；大力开拓市场，扩大运输需求。

主义新局面的行动纲领，它为站在历史新起点上的中国工人运动和工会工作指明了方向。2008 年 10 月，中国工会第十五次全国代表大会在北京召开。习近平受中共中央委托，发表题为《在夺取全面建设小康社会新胜利中充分发挥工人阶级主力军作用》的祝词，指出全国各级工会要坚持中国特色社会主义理论体系，坚定不移地走中国特色社会主义道路，始终做到与时代发展同步伐、与改革开放共命运、与党和职工群众心连心，使中国特色社会主义工会发展道路越走越宽广。王兆国代表全国总工会作报告。大会围绕“建设什么样的工会、怎样建设工会”这一重大时代课题，认真学习贯彻党的十七大精神，高举中国特色社会主义伟大旗帜，明确了今后五年工会发展的方向和任务。中国工会十五大召开后，根据劳动关系领域发生的新情况、新问题，全国总工会提出了“两个普遍”的工作要求和目标，即依法在企业普遍建立工会组织，依法在企业普遍推行工资集体协商。

2007 年以来，我国整体社会形势保持稳定，国家处于经济高速增长和社会全面进步的关键时期。党中央提出全面建设小康社会的宏伟目标，并以科学发展观为指导作出一系列重大战略部署。全国总工会积极响应党中央号召，将推动职工队伍素质提升、维护职工合法权益、促进劳动关系和谐作为工作重点。2010 年 2 月 25 日，民航局印发《建设民航强国的战略构想》（下文简称《构想》），提出到 2030 年，全面建成安全、高效、绿色的现代化民用航空体系，实现从民航大国向民航强国的历史性转变，成为引领世界民航发展的国家。《构想》确定了航空运输、通用航空、机场、空管、保障、政府服务六大系统的主要任务。民航工会贯彻党中央精神，落实全国总工会和民航局工作部署，准确把握方位、牢记历史任务，引领民航职工在推进民航强国建设、夺取全面建设小康社会新胜利的进程中锐意进取、开拓创新，把新世纪的民航工人运动和工会工作不断推向新的发展阶段。

2009年10月31日，民航工会五届一次全委会议在北京召开。民航局局长李家祥，全国总工会副主席、书记处书记徐振寰，交通运输部副部长高宏峰出席会议并讲话。民航局副局长、民航工会主席王昌顺作工作报告，明确今后五年工作任务：加强思想政治建设，筑牢民航工作的思想基础；充分发挥职工主力军作用，促进民航科学发展；切实履行维权基本职责，推动共享发展成果；充分发挥“大学校”作用，推进行业文化建设；加强工会自身建设等。会议选举产生民航工会第五届全国委员会常务委员会，王昌顺当选为主席，黄丽辉当选为常务副主席，解连卯、毕务芳当选为副主席。经费审查委员会五届一次会议选举李跃华为经审会主任。2011年12月7日，民航工会五届四次全委会议在北京召开，民航局副局长李军当选为民航工会主席。

（一）推动民航持续安全发展

2007年至2012年，民航工会通过开展形式多样、独具行业特色的职工岗位练兵、劳动竞赛、交流创新、劳模培养活动，打造民航职工成长成才、建功立业的坚实平台，助力推动民航持续安全发展。

1. 以赛促训提高职工素质

2010年，胡锦涛在全国劳动模范和先进工作者表彰大会上的重要讲话、王兆国在庆祝“五一”国际劳动节劳动模范座谈会上的讲话，都对大力开展社会主义劳动竞赛提出了明确要求。2011年是民航“十二五”规划开局之年，民航工会五届三次全委会议作出了《关于组织动员广大职工为实现民航发展“十二五”规划目标任务创先争优建功立业的决议》，民航工会制定了《关于广泛深入开展社会主义劳动竞赛的指导意见》，号召全行业职工“当好主力军，建功十二五”。民航工会举办了全行业空中管制和航油化验员两项职业技能大赛，各单位工会组织开展了覆盖民航

50多个岗位的职工职业技能竞赛。大赛涌现出一批技能高超的优秀选手，10人获得“全国民航技术能手”称号，其中3人获得“全国技术能手”称号。

民航工会广泛搭建活动平台，于2012年发布《关于开展全国民航职工节能减排达标竞赛活动的通知》，深入开展“三比一降”为主要内容的劳动竞赛活动，促进职工在竞赛中比创新、比技能、比管理、降能耗和排放，形成节能减排的良好氛围，为全面实现“一二五”规划目标任务创先争优、建功立业。

2. 重视劳模工作

民航工会注重在劳模培养、选树表彰、宣传引领、服务关爱等各工作环节下功夫，充分发挥劳模行业先锋带头作用。2008年开始评选表彰全国民航工人先锋号，2010年开始评选表彰全国民航五一劳动奖。2012年制定《中国民航工会服务关爱巾帼标兵（岗）计划》，并在实践中向劳模先进覆盖。2009年至2012年，15人获“全国劳动模范”称号、22个单位获全国五一劳动奖状、34人获全国五一劳动奖章、93个班组获全国工人先锋号，61个单位获全国民航五一劳动奖状、93人获全国民航五一劳动奖章、163个班组获全国民航工人先锋号。同时，民航工会认真做好劳模关爱服务工作，组织超200人次参加劳模疗休养；举办劳模本科班，不断提高劳模思想道德和科学文化素质；召开劳模座谈交流会，广泛宣传劳模先进事迹。在全行业营造尊重劳模、关爱劳模、学习劳模、争当劳模的良好氛围。

（二）进一步深化维权工作

2008年以来，根据劳动关系领域发生的新情况、新问题，全国总工会贯彻“坚持以职工为本，主动依法科学维权”的工会维权观，提出了“两个普遍”（普遍建立工会组织和普遍开展工资集体协商）的工作要求和目标。2011年1月，全国总工会制定

《2011—2013年推动企业普遍建立工会组织工作规划》和《2011—2013年深入推进工资集体协商工作规划》。民航工会积极贯彻落实全国总工会“两个普遍”工作部署。在民航工会指导下，各级工会组织将“两个普遍”不断融入完善劳动关系制度建设中，主动学习相关法律法规和政策文件，积极构建和谐劳动关系。

1. 深化劳动关系和谐企业创建活动

2008年，受到国际金融危机影响，民航行业企业和职工面临严重冲击和严峻挑战。为贯彻落实全国总工会十五届二次执委会议工作部署，发挥工会组织在应对金融危机中的重要作用，贯彻“促进企业发展、维护职工权益”企业工会工作原则，发展和谐的劳动关系，民航工会四届七次全委会议作出决议，在全行业开展工会与企业、职工“共同约定行动”。2009年3月，民航工会下发《关于开展工会与企业、职工“共同约定行动”稳定劳动关系的通知》，要求企业与工会（代表广大职工）为实现互利共赢，围绕企业生产经营和职工利益的重点难点问题，充分协商，互相体谅、求同存异，达成一致意见（书面协议）和统一行动。各级工会通过倡议书、专项协议等方式广泛响应，按照要求开展思想政治教育活动，特别关注企业减员情况，建立劳动关系预警机制，督促企业主动履行社会责任，保障职工劳动权益，采取弹性工时、轮岗轮休等方式将对职工利益的影响降到最低。在各级单位工会组织与企业的共同努力下，做到了不裁员、不减薪，实现了民航劳动关系平稳发展。

2010年8月，习近平就《浙江日报》宣传报道传化集团构建和谐劳动关系作出重要批示。围绕贯彻落实批示精神，民航工会深入开展劳动关系和谐企业创建活动，2010年修订印发《创建劳动关系和谐企业活动评分标准》，对民主管理、劳动用工行为、劳动安全卫生、劳动争议调解等内容进行细致划分，内容要求更为清楚。2011 年，民航局授予 26 个单位“全国民航先进劳动关系和谐企业”称号；经民航局推荐，国家协调劳动关系三方授予东航西北分公司、南航吉林分公司、首都机场空港贵宾服务公司 3 个单位“全国模范劳动关系和谐企业”称号。

民航工会在保障劳动者权益方面持续发力，通过深入贯彻《劳动合同法》，推进劳动关系和谐企业创建活动，促进劳动条件的改善和职工权益保障，通过细化评分标准、开展评选表彰等措施，激励企业构建和谐劳动关系。2012 年 5 月至 10 月，民航工会开展走访复查“全国模范劳动关系和谐企业”工作，以座谈会、问卷调查、走访一线班组、实地考察等方式对东航西北分公司、南航吉林分公司、重庆机场开展复查，总结宣传这些企业在建立民主管理例会制度、每年坚持公开承诺为职工办实事、借鉴质量管理体系方法规范厂务公开事项等方面的先进经验和做法，并在《中国民航报》上发表《创建劳动关系和谐企业要做到“六个坚持”》的调研报告，为推动创建活动的深入开展明确了工作方向、方法和路径。

2. 推进工资集体协商

2008 年 4 月，全国工会工资集体协商工作经验交流会在杭州召开。6 月，全国总工会下发《关于开展集体协商要约行动的意见》和《关于建立集体协商指导员队伍的意见》，为推动工资集体协商扎实开展发挥了重要作用。2011 年 3 月，民航工会下发《关于推进工资集体协商工作的指导意见》，要求各级工会推行工资集体协商，并将其作为企业评选五一劳动奖状、模范职工之家和劳动关系和谐企业等荣誉称号的必备条件，实行“一票否决制”。同年，编制下发《工会工资集体协商工作指导手册》，要求各级工会在集体合同中修订、补充、细化有关工资集体协商内容，促进劳动关系和谐稳定。2012 年，全行业基本实现已建工会企业普遍建立集体合同制度并开展工资集体协商，形成了企业和职工利益共享机制，逐步实现劳动报酬增长与劳动生产率同步提高。

3. “安康杯”竞赛持续开展

民航工会不断拓宽思路，丰富“安康杯”竞赛内涵，民航职工参赛的积极性和创造性不断提高。

2008 年至 2012 年，“安康杯”竞赛参赛单位数、职工数不断增加，活动内容的时效性和活动形式的多样性都有了质的飞跃。这一时期的“安康杯”竞赛活动主要围绕安全健康、科学发展、预防教育、安全管理等主题广泛开展，参赛单位从 101 个增加到 206 个，参赛职工从不到 16 万人增加到 33 万人，参与职工总数超 122 万人次。民航职工纷纷参与到各单位工会组织的演讲、征文、知识竞赛、合理化建议等活动中，积极响应贯彻持续安全理念，自觉提高职工自身安全健康意识和素质，推动实现民航持续安全发展。

4. 做好帮扶解困品牌工作

2007 年以来，民航工会广泛实施职工关爱工程，以开展“面对面、心贴心、实打实服务职工在基层”活动为主线，坚持做好工会帮扶解困品牌工作，“送温暖”、送清凉、奖学金和助学金项目深入人心。

“送温暖”方面，2009 年到 2012 年，民航各级工会共筹集 1.66 亿元资金，走访慰问单位 6310 个和职工 44 万余名。在 2008 年雨雪冰冻灾害、汶川特大地震以及 2010 年玉树地震等自然灾害发生时，民航各级工会下拨紧急慰问款，帮助受灾民航职工渡过难关。女职工关爱方面，从 2008 年起，“民航女职工大病互助基金”的管理和发放成为女职工组织的一项日常工作。随着互助基金的深入运行，各单位越来越重视定期妇科体检和健康知识宣传普及。此外，2008 年至 2012 年，民航工会每年向民航 4 所院校品学兼优、生活困难的学生发放 60 万元奖学金和助学金，共资助 5000 余名学生。

（三）以改革精神加强工会规范化建设

中国工会十五大提出要以改革创新精神加强自身建设，全面加强工会的思想建设、组织建设、制度建设、作风建设和能力建设，进一步扩大覆盖面，增强凝聚力，使工会成为学习型、服务型、创新型的职工群众组织。民航工会按照中国工会十五大要求加强自身建设，深化对外交流，做了大量工作。

1. 进一步推进劳务派遣工入会

2011年3月，民航工会认真贯彻落实全国总工会“两个普遍”工作部署，制定出台《关于进一步加强基层工会组织建设的指导意见》。围绕这个文件聚焦的企业建会率和提高职工入会率问题，各级工会组织开展劳务派遣用工情况调研，深入了解掌握民航系统劳务派遣工人数、日常管理情况、入会情况、岗位工种分布等，总结发现在维护劳务派遣工权益方面存在的问题和成熟经验做法。民航工会召开调研汇报座谈会，交流规范劳务派遣用工管理、推进劳务派遣工入会和维护劳务派遣工权益等方面的经验。各级工会的努力使劳务派遣工福利待遇、民主参与、薪酬差距状况得到改善，并继续在更大程度上解决岗位规范、人员流动和归属感等难题，促进职工队伍保持稳定。截至2012年2月，民航工会所属单位工会组建率达98%，职工入会率达89%；所属企事业单位共有劳务派遣工13.3万人，入会率达80%。

2. 工会工作制度的规范化建设

为有序开展工会工作，2009年至2012年，民航工会健全完善了一系列工会工作制度，在教育培训、班组建设、评选表彰、劳模工作、职代会、教育培训、女职工工作、财务管理等各方面，体系化建立工会联系基层、服务群众的长效机制。例如，在财务管理方面，2011年印发《关于开展民航工会系统财务会计管理规范化建设检查的通知》，2012年修订《民航工会财务会计竞赛评比办法》，为工会财务管理制度及考核激励机制规范化发挥了积极引导作用；2010 年和 2012 年先后印发《民航工会经费审查委员会特约审计员管理办法》《中国民航工会财务人员暂行管理办法》，规范工会会计人员聘任制和特聘审计员制度，保证民航工会经费收入持续增长和使用情况良好。

3. 推进工会干部教育培训工作

2007 年至 2009 年，以提升工会干部的业务能力为核心，民航各级工会组织了超过 2800 期培训班，培训内容涵盖中国特色社会主义工会维权观、《劳动合同法》及其实施条例等，培训 1.7 万名专（兼）职工会干部。2010 年，民航工会选派 44 名工会干部赴加拿大参加劳动关系高级研修班，同时在国内举办多个岗位培训班，累计培训工会干部超 5400 人次。此外，推荐 17 名工会干部参加全国总工会组织的境外培训和岗位调训。2011 年和 2012 年，民航工会每年组织 8 期培训班，对基层工会主席、工会办公室主任、女职工干部、财务经审干部等 300 多名工会干部展开培训。同时，每年选派 6 人参加全国总工会组织的境外学习培训，并组织两批工会干部分赴加拿大和瑞士参加劳动关系高级研修班。这些培训为工会干部拓宽视野、更新观念、激发创新思维提供了宝贵的机会。

4. 加强工会宣传工作

2009 年民航工会编印《民航工会信息》21 期，创办《工会工作参考资料》；2010 年编发《民航工会信息》22 期、《工会工作参考资料》10 期，民航工会多篇新闻稿件在《中国民航报》《工人日报》以及中工网刊发和登载，有效扩大了民航工会的影响力。2011 年，民航工会与民航报社联合创办《中国民航报 · 工会专刊》，推出来自基层工会的深度报道，宣传各级工会的特色工作，展现广大职工的精神风貌，推动工会宣传舆论工作再上新台阶。

5. 深化对外交流关系

2008 年 3 月，民航工会组织上海虹桥机场职工篮球队代表中国工会参加在保加利亚举办的第六届巴尔干工人运动会篮球比赛。2009 年至 2012 年，民航工会陆续组织民航职工代表中国工会参加在保加利亚举办的第七届至第十届巴尔干工人运动会乒乓球、游泳、篮球、网球等比赛。2010 年，组织上海机场集团乒乓球队参加在爱沙尼亚塔林举办的第二届世界工人运动会。2011 年，组织上海机场篮球队参加墨西哥世界工人运动会。2012 年，组织民航职工参加新加坡、南非举办的国际职工体育交流活动。

民航工会还加深了与台湾相关工会、协会的交流互访。2007 年 6 月，应中华全国总工会和中国民航工会邀请，台湾中华航空产业工会代表团到湖南、贵州与南方航空公司工会进行工作交流和考察。2008 年 7 月，应中国民航工会邀请，台湾航空业总工会代表团来大陆访问。9 月，应台湾中华航空产业工会邀请，以中国民航工会常务副主席安金林为团长的中国民航代表团赴台交流访问。2011 年 8 月，应台湾中华两岸劳动关系发展协会邀请，以中国民航工会经审会主任李跃华为团长的大陆民航劳模交流团赴台湾访问。

（四）民航职工在推进民航强国中的贡献

随着中国特色社会主义进入新的发展阶段，我国经济结构深刻调整、产业升级加速推进。这一时期，民航职工齐心协力，推动运输航空和通用航空高速增长，企业盈利大幅增加。2012 年，民航运输总周转量、旅客运输量、货邮运输量与 2008 年相比，分别增长 73%、68% 和 44%。全行业实现利润 295.9 亿元，其中，航空公司盈利 211 亿元，机场盈利 45.4 亿元，服务保障企业盈利 39.6 亿元。

这一阶段，民航完成包括抗击雨雪冰冻灾害、汶川抗震救灾、

2008年北京奥运会、2010年上海世博会、玉树抗震救灾、2011年利比亚大规模撤侨等重大航空运输保障任务。

在2008年汶川抗震救灾中，民航在四川地区共保障4007架次救灾飞行，其中包机近300班，紧急运送了2.2万名救灾人员和5500余吨救灾物资。民航局从6家通用航空公司抽调32架直升机，坚守地震灾区两个多月，飞行1026架次，完成了大量急难险重任务。成都双流机场接收了来自47个国家和地区的443批近1万吨的捐援物资，及时输送到灾区。2008年10月8日，全国抗震救灾总结表彰大会召开，民航有6个抗震救灾英雄集体和5名抗震救灾模范受到党中央、国务院表彰。

★ 2008年5月13日，汶川地震后西南空管局塔台管制员在应急指挥车内保障成都双流机场航班起降。

2008年北京奥运会前夕，胡锦涛于6月25日亲临北京首都国际机场，视察民航保障奥运会的准备工作，明确指出民航的形象代表着国家形象，希望大家以实际行动为北京奥运会作出贡献。在7月1日至9月22日的84天实战保障中，民航投入保障人员

22万人，执行涉奥飞行9278架次、运送涉奥人员抵离13.16万人。在9月29日举行的北京奥运会、残奥会总结表彰大会上，民航13家单位和16名个人获先进集体和先进个人称号。10月17日，民航局作出决定，表彰奥运保障先进集体61个和先进个人205名。

在2010年玉树抗震救灾中，民航共执行救灾包机飞行任务606架次，运送救灾人员1.3万人、救灾物资1300余吨、伤员4000多人。在2010年8月19日召开的青海玉树全国抗震救灾总结表彰大会上，民航系统有6个单位被授予“全国抗震救灾英雄集体”荣誉称号，6名个人被授予“全国抗震救灾模范”荣誉称号。

2011年初，利比亚局势动荡。2月下旬至3月上旬，民航共执行91班包机182架次，派出机组和工作人员2200余人次，飞赴利比亚、希腊、突尼斯、马耳他、埃及、阿联酋6个国家，接

★ 2011年，从利比亚辗转登上撤侨包机的旅客欢呼“祖国万岁”。

回我国公民26240人，占从利比亚撤离公民总数的73.2%。这是新中国成立以来最大规模的有组织撤离海外中国公民的行动，也是我国第一次大规模调集民航飞机撤离中国公民的行动。国航、东航、南航、海航4家航空公司抽调运力、选派机组、拟定飞行计划，涉及调整正常航班1800多个，克服了准备时间短、复杂程度高、飞行量大、航线生疏、春运繁忙等困难。全行业通力配合、团结协作，高效圆满完成了此次紧急重大运输任务。

这一时期，民航涌现出以天津航空公司GS7554航班“中国民航反劫机英雄机组”为代表的先进典型。2012年6月29日，天津航空公司GS7554航班机组执行新疆和田到乌鲁木齐飞行任务时，遭遇6名歹徒暴力劫机，9名机组人员在旅客协助下成功制服了歹徒。7月6日，民航局在北京举行表彰大会，授予GS7554航班机组“中国民航反劫机英雄机组”荣誉称号，授予安全员杜岳峰、徐洋和乘务长郭佳“中国民航反劫机英雄”荣誉称号，为机长邹劲松、副驾驶陈开元、杨海涛和乘务员吕慧、王婉钰、宋佳分别记个人一等功。

第四编

中国特色社会主义
新时代的民航工人运动
（2012—2024）

党的十八大以来，中国特色社会主义进入新时代。为实现中华民族伟大复兴的中国梦而奋斗，是新时代中国工人运动的时代主题。在以习近平同志为核心的党中央的坚强领导下，在习近平新时代中国特色社会主义思想指导下，中国民航实现了跨越式发展，取得了历史性成就：机队规模不断扩大，基础设施建设持续加快，航线网络四通八达，治理体系日益完善，安全水平处于世界前列，自 2005 年起运输规模连续 19 年稳居全球第二，连续七届（2004 年至今）当选国际民航组织一类理事国。在这期间，民航工会充分发挥联系职工的桥梁纽带作用，认真贯彻落实习近平总书记关于工人阶级和工会工作的重要论述、关于民航工作的重要指示批示精神，围绕中心、服务大局，团结动员广大职工踔厉奋发、开拓进取，用劳动筑梦，以实干圆梦，为推动民航高质量发展作出了突出贡献。

第十一章
用党的创新理论凝心铸魂

进入新时代，在民航局党组和全国总工会的坚强领导下，民航工会坚持以习近平新时代中国特色社会主义思想为指导，认真贯彻落实习近平总书记关于工人阶级和工会工作的重要论述、关于民航工作的重要指示批示精神，坚持走中国特色社会主义工会发展道路，持续强化职工思想政治引领，团结引导民航职工始终做到与党同心、跟党奋斗，汇聚起推动民航高质量发展的强大正能量。

一、坚持以习近平新时代中国特色社会主义思想为指导

党的十八大以来，以习近平同志为主要代表的中国共产党人，坚持把马克思主义基本原理同中国具体实际相结合，同中华优秀传统文化相结合，科学回答了新时代坚持和发展什么样的中国特色社会主义、怎样坚持和发展中国特色社会主义等重大时代课题，创立了习近平新时代中国特色社会主义思想。习近平新时代中国特色社会主义思想是当代中国马克思主义、二十一世纪马克思主义，是中华文化和中国精神的时代精华，实现了马克思主义中国化时代化新的飞跃，是全党全国人民为实现中华民族伟大复兴而奋斗的行动指南。

民航工会坚持以习近平新时代中国特色社会主义思想统领工

会工作，第一时间跟进学习、宣传、贯彻党的创新理论，印发学习通知、开展工作部署。2012 年 11 月，党的十八大胜利召开。大会描绘了全面建成小康社会、加快推进社会主义现代化的宏伟蓝图，开启了实现中华民族伟大复兴的新征程。民航工会要求各级工会深入学习贯彻党的十八大精神，坚定不移走中国特色社会主义工会发展道路。2017 年 10 月，党的十九大胜利召开。大会提出到 2020 年全面建成小康社会，到 2035 年基本实现社会主义现代化，到本世纪中叶把我国建成富强民主文明和谐美丽的社会主义现代化强国。民航工会要求各级工会将学习宣传贯彻党的十九大精神贯穿到工会工作各方面、全过程，把职工对美好生活的向往作为工会工作的努力方向。2022 年 10 月，党的二十大胜利召开。大会指出，从现在起，中国共产党的中心任务就是团结带领全国各族人民全面建成社会主义现代化强国、实现第二个百年奋斗目标，以中国式现代化全面推进中华民族伟大复兴。民航工会要求各级工会切实把思想和行动统一到党的二十大精神上来，把学习成效转化为推动民航高质量发展、谱写加快推进交通强国建设民航新篇章的思路举措和生动实践。

民航工会坚持“马克思主义者办会”，将理论武装作为加强党建、锻造队伍的第一要务，带头学习、宣讲、落实习近平新时代中国特色社会主义思想，推动理论学习常态化、持续化、制度化。坚持原原本本学、走进一线学、联系实际学，将学习贯彻党的理论政策与谋划工会全局工作、助推民航发展紧密结合，撰文发表《加强职工思想政治引领，汇聚起同心协力推动民航高质量发展的强大力量》等理论文章，创新利用“支部工作进班组”、联学共建等方式深入基层开展宣传宣讲。加强工会干部思想政治建设，把学习习近平新时代中国特色社会主义思想作为工会各类培训的必修课、常修课，引导民航工会干部加强理论学习、厚实理论功底、锤炼思想作风，自觉用新时代党的创新理论观察新形势、研究新情况、解决新问题，不断引导各级工会和广大工会干部深刻领会习近平新时代中国特色社会主义思想精神实质、思想精髓，以高度的主人翁责任感和历史使命感，将党的创新理论转化为指导实践、推动工作的强大力量。

二、深入学习贯彻习近平总书记关于工人阶级和工会工作的重要论述

党的十八大以来，习近平总书记围绕工人阶级和工会工作发表了一系列重要论述，科学回答了工人阶级和工会工作一系列方向性、根本性、战略性重大问题，丰富了马克思主义工人阶级和工运学说，为新时代工运事业和工会工作创新发展指明了方向①。

2013 年 10 月，中国工会第十六次全国代表大会在北京举行。大会高举中国特色社会主义伟大旗帜，以邓小平理论、“三个代表”重要思想、科学发展观为指导，深入贯彻党的十八大精神和习近平总书记系列重要讲话精神，坚定不移走中国特色社会主义工会发展道路，坚定信念、改革创新、埋头苦干，团结动员亿万职工在全面建成小康社会、实现中华民族伟大复兴的中国梦的历史进程中充分发挥工人阶级主力军作用。2014 年 2 月，民航工会召开五届八次全委会议，深入学习贯彻党的十八大精神、中国工

① 2023 年 9 月，《习近平关于工人阶级和工会工作论述摘编》（以下简称《摘编》）由中央文献出版社出版。《摘编》将习近平关于工人阶级和工会工作的重要论述的基本内涵概括为八个方面：一是坚持党对工运事业和工会工作的领导，二是坚持全心全意依靠工人阶级的根本方针，三是牢牢把握为实现中华民族伟大复兴中国梦而奋斗的时代主题，四是加强对职工群众的思想政治引领，五是努力建设高素质劳动大军，六是大力弘扬劳模精神、劳动精神、工匠精神，七是切实实现好、维护好、发展好工人阶级和广大劳动群众合法权益，八是深入推进工会改革创新。

会十六大精神，特别是习近平总书记“4·28”[1] 重要讲话精神，将中国工会十六大精神落实到《民航工会2014年工作要点》各项工作中，充分发挥广大职工在推进民航深化改革、实现科学发展中的主力军作用。2014年10月22日至23日，民航工会六届一次全委会议在北京召开。民航局党组书记、局长李家祥发来贺信，全国总工会党组副书记、副主席、书记处书记刘国中出席会议并讲话。会议深入贯彻习近平总书记系列重要讲话精神，认真落实中国工会十六大工作部署，以构建和谐劳动关系、维护和发展职工合法权益为主线，以完善服务职工长效机制、提高职工队伍整体素质为重点，以加强工会自身建设、提高工作能力、提高工作水平为保障，团结动员民航广大职工当好主人翁、当好主力军、当好排头兵，在促进持续安全、建设民航强国的历史进程中建功立业。会议选举产生民航工会第六届全国委员会常务委员会，民航局副局长董志毅当选为主席，黄丽辉当选为常务副主席，毕务芳、王铎当选为副主席。经费审查委员会六届一次会议选举李跃华为经审会主任。

2015年1月8日，《中共中央关于加强和改进党的群团工作的意见》印发。2015年7月6日至7日，中央党的群团工作会议在北京召开，这是党的历史上第一次由党中央召开的党的群团工作会议，习近平总书记出席会议并发表重要讲话。7月13日，民航工会印发《关于学习贯彻中央党的群团工作会议精神的通知》。7月21日，民航工会、全国民航团委学习贯彻党的群团工作会议精神学习交流会在北京召开，民航工会全委会委员就“紧密结合民航实际，开创民航群团工作的新局面”展开深入交流，研讨下一步工作思路。

---

① 2013年4月28日，习近平总书记来到全国总工会机关同全国劳动模范代表座谈并发表重要讲话。

2018年10月，中国工会第十七次全国代表大会在北京举行。大会以习近平新时代中国特色社会主义思想为指导，坚持走中国特色社会主义工会发展道路，忠诚党的事业，竭诚服务职工，团结动员亿万职工为决胜全面建成小康社会、夺取新时代中国特色社会主义伟大胜利而奋斗。11月8日，民航工会转发《中华全国总工会关于认真学习宣传贯彻习近平总书记重要讲话精神 扎实完成好工会十七大提出的目标任务的通知》。11月20日，民航工会召开六届七次全委会议，传达学习贯彻习近平总书记重要讲话精神和中国工会十七大精神，深入学习领会习近平总书记关于工人阶级和工会工作的重要论述“八个坚持”① 基本内涵，部署民航工会系统把习近平总书记重要讲话精神不折不扣落实到工会工作各方面、全过程，不断增强做好工会工作、竭诚服务职工的政治责任感和历史使命感，努力开创民航工会工作新局面。2020年12月22日至23日，民航工会七届一次全委会议在北京召开。民航局党组书记、局长冯正霖，全国总工会副主席、书记处书记蔡振华出席会议并讲话。会议全面贯彻党的十九大精神，以习近平新时代中国特色社会主义思想为指导，学习贯彻习近平总书记关于工人阶级和工会工作的重要论述，提出了今后五年四个方面的主要任务：坚持党的全面领导，始终保持工会工作正确政治方向；牢牢把握工人运动时代主题，团结动员广大职工为建设民航强国建功立业；坚持以职工为中心的鲜明工作导向，认真履行维权服务基本职责；立足改革和发展融合联动，推进工会深化改革取得新进展。会议选举产生民航工会第七届全国委员会常务委员会，民航局副局长董志毅当选为主席，王铎当选为常务副主席，毕务

① 八个坚持：坚持党对工会工作的领导；坚持全心全意依靠工人阶级；坚持为实现中华民族伟大复兴的中国梦而奋斗；坚持中国特色社会主义发展道路；坚持弘扬劳模精神、劳动精神、工匠精神；坚持高举维护职工合法权益旗帜；坚持增强政治性、先进性、群众性的工会改革方向；坚持加强基层工会建设。

芳、王忠才当选为副主席，刘传健当选为兼职副主席。经费审查委员会七届一次会议选举齐金升为经审会主任。五届一次女职工委员会议选举毕务芳为女职委主任。2023 年 7 月 27 日至 28 日，民航工会七届三次全委会议在北京召开，民航局副局长韩钧当选为民航工会主席。

2023 年 10 月，中国工会第十八次全国代表大会在北京召开。大会坚持以习近平新时代中国特色社会主义思想为指导，全面贯彻党的二十大精神，深入贯彻习近平总书记关于工人阶级和工会工作的重要论述，全面落实全心全意依靠工人阶级根本方针，忠诚履职、勇于担当，组织动员亿万职工为全面建设社会主义现代化国家、全面推进中华民族伟大复兴而团结奋斗。10 月 30 日，民航工会作出部署，在民航工会系统迅速掀起学习贯彻习近平总书记同全国总工会新一届领导班子集体谈话时的重要讲话精神热潮，推动中国工会十八大精神在民航系统贯彻落实，组织动员广大职工为民航高质量发展建功立业。

民航工会学习贯彻党的会议、中国工会全国代表大会精神，及时召开换届会议、专题会议、部署会议，深入学习贯彻习近平总书记关于工人阶级和工会工作的重要论述，提出切实落实举措，凝聚起坚定不移走中国特色社会主义工会发展道路的强大思想共识及奋斗力量。

三、职工思想政治引领不断强化

民航工会始终将学习宣传贯彻党的创新理论作为铸魂育人的首要政治任务，加强职工思想政治引领，推动习近平新时代中国特色社会主义思想进一线、入班组，引导职工在思想上更加统一、政治上更加团结、行动上更加一致。

民航各级工会立足实际，紧密结合工会工作及职工特点，充分发挥工会活动覆盖面广、时效性强、认可度高和参与便利等优势，丰富职工宣传引导方式，通过举办专题培训、辅导讲座、座谈会等多种形式，充分利用报纸、网络、工会信息刊物等各种途径和载体开展党的创新理论宣传宣讲，用“小故事”讲“大道理”，将理论宣传、成就展示等融入丰富多彩的群众性活动中，融入职工群众日用而不觉的共同价值观中，创新理论宣传方式，提升宣传效果，不断增强广大职工对党的创新理论的政治认同、思想认同、理论认同、情感认同。加强以职业道德为重点的“四德”建设，引导民航职工践行社会主义核心价值观，爱岗敬业、争创一流，首都机场股份公司、华东空管局、东航上海飞行部、首都空港贵宾公司、北京大兴机场被评为全国职工职业道德建设标兵单位。

民航工会注重运用文化力量加强职工思想引领，坚持以文化人、以文润心。深入开展“中国梦·劳动美”主题宣传教育活动，围绕党的十九大、中国工会十七大、改革开放40周年、新中国成立70周年、中国共产党成立100周年、党的二十大、中国工会十八大等重大主题主线，举办“砥砺奋飞新时代”“我和我的祖国”“永远跟党走 奋进新征程”等职工主题宣传教育活动，组织开展主题书画摄影展、文艺展演、劳模宣讲、党史知识竞答、主题征文、阅读诵读等文化活动，线上线下相结合，重心下沉、覆盖广泛。

在开展职工文化活动过程中，民航工会精心培育打造出“民航人的除夕夜”微摄影大赛、“书香民航”职工主题阅读活动、“蓝天杯”全国民航职工体育比赛等多个文化品牌，推动形成健康文明、昂扬向上、全员参与、民航特色的职工文化。各级工会也坚持职工需求导向，广泛开展全员性、特色性文化体育活动，培育涵养各具特色的职工文化。

“民航人的除夕夜”微摄影大赛是民航工会着力通过互联网

★ 2024 年 12 月，“礼赞新中国 奋进新时代” 全国民航职工文艺展演。

打造的一项职工文化活动品牌，通过记录除夕夜民航职工坚守岗位、阖家团圆等真实场景，见证定格民航人的难忘瞬间。2015 年至 2024 年，大赛已连续开展 10 年，直接参与的职工累计超过 29 万人次，成为广受民航职工认可和欢迎的“春节文化大餐”。

“书香民航”职工主题阅读活动自 2020 年开始，至 2024 年已连续举办五届，通过民航职工电子书屋平台，累计吸引近 18 万名职工参加读书打卡、党史知识竞答、撰写读书心得，引导职工养成爱读书、读好书、善读书的良好习惯，营造崇尚学习、勤于思考、学以致用的浓厚氛围。

“蓝天杯”全国民航职工体育比赛选取职工喜闻乐见、群众基础好的乒乓球、羽毛球、篮球、田径等项目，每年举办一项，形成届次定期开展（见表 8），为行业广大职工提供了切磋技艺、展示风采的广阔舞台，增强了行业的向心力、凝聚力。

表 8　新时代以来全国民航职工体育比赛情况

时间	地点	赛事
2013 年 7 月	天津	第三届全国民航职工篮球比赛
2014 年 10 月	北京	第一届全国民航职工田径运动会
2015 年 11 月	厦门	第三届全国民航职工乒乓球比赛
2016 年 7 月	北京	第三届全国民航职工羽毛球比赛
2017 年 5 月至 11 月	——	2017 年全国民航职工文化体育节
2018 年 9 月	鄂尔多斯	第四届全国民航职工篮球比赛
2019 年 6 月	沈阳	第二届全国民航职工田径运动会
2020 年 11 月	银川	第四届全国民航职工乒乓球比赛
2022 年 7 月至 11 月	——	2022 年全国民航职工文化体育节
2023 年 9 月	厦门	第四届全国民航职工羽毛球比赛
2024 年 5 月	北京	第三届全国民航职工田径运动会

★ 2024 年 5 月，第三届全国民航职工田径运动会。

丰富多彩的职工活动需要宣传服务阵地提供保障。经过新时代以来的探索与积累，民航工会建成了“三号一刊一书屋”宣传主阵地，即民航工会微信公众号、视频号、抖音号、《中国民航报·工会专刊》以及民航职工电子书屋。

其中，《中国民航报·工会专刊》创办于2011年，截至2024年底共出版330期。民航工会微信公众号于2014年建立，截至2024年底共有订阅用户数24.7万，2024年阅读量超过200万。民航职工电子书屋创办于2014年10月，截至2024年底，注册用户数已突破30万。此外，民航工会还建立了一支450余人的工会通讯员队伍和覆盖各级工会80余个微信公众号的新媒体矩阵，逐步形成了民航各级工会上下协调联动、网上网下同频共振的宣传格局。以庆祝建党百年主题系列活动为例，充分发挥新媒体矩阵的覆盖力、传播力、影响力，广泛调动民航职工参与热情，各级工会累计开展1256场线上线下活动，参与人次达150余万，实现了建党百年群众性文化活动覆盖广泛、热在基层、热在群众的良好效果。

第十二章
推进民航职工队伍建设改革

产业工人是工人阶级的主体力量，是创造社会财富的中坚力量，是实施创新驱动发展战略、加快建设制造强国的骨干力量。步入新时代，随着社会经济的不断发展，产业工人队伍在劳动力构成、技能结构、价值诉求等方面发生着深刻变化。习近平总书记高度重视工人阶级，时刻牵挂着广大产业工人，亲自谋划、亲自部署、亲自推动产业工人队伍建设改革。民航工会认真贯彻落实习近平总书记关于产业工人队伍建设改革的重要指示精神，落实民航局党组和全国总工会部署要求，结合民航职工队伍在新时代的主要特征，积极构建民航职工队伍建设改革“四梁八柱”体系，推动产改工作落地见效、走深走实。

一、民航职工队伍在新时代的主要特征

为全面了解新时代以来民航职工队伍总体状况，2022 年民航工会组织开展了全国民航职工队伍状况调查。本次调查采用抽样调查，调查对象主要为飞行、机务、运控、管制、安检、乘务、空保、地服等重点关键岗位职工，共回收有效问卷 57570 份。

调查显示，新时代以来，在推动民航高质量发展的过程中，民航职工队伍不断发展壮大，呈现出队伍结构较为科学合理、整体素质得到较大提升、各项权益得到较好实现的新特征。

职工队伍结构方面，调查显示：民航职工总数保守估算超过80万人，较2013年至少增长26万人，增幅达48%。男性职工与女性职工分别占比65.6%和34.4%。职工平均年龄为34.6岁，呈年轻化趋势，“80后”逐步成长为职工队伍的中坚力量和骨干，“90后”逐渐成为职工队伍主体。合同制职工占比83.9%。全行业劳务派遣用工比例较2011年最高峰（25%）大幅下降，降幅超过50%。中共党员和共青团员分别占比32.5%和28%，在政治上呈现出积极追求进步的特征。

职工队伍素质方面，调查显示：民航职工队伍学历层次较高，大学本科及以上学历达60.2%，其中硕士研究生及以上学历占比4%，均高于全国职工平均水平。大学本科及以上学历职工占比排在前四位的均为民航核心专业岗位，分别为：管制97%、飞行90.2%、运控82%、机务65.5%。19.37%的职工具有各级职称，其中初级、中级、高级职称占比分别为63.81%、27.16%、9.03%，各层级由低到高呈金字塔型分布。

职工权益实现方面，调查显示：民航职工劳动合同签订率达95.8%，大多数为长期或无固定期合同。职工社会保障权益实现状况不断向好，参加养老、医疗、失业、工伤、生育保险及住房公积金的职工比例分别为80%、87.42%、82.3%、76.7%、77.7%、93.2%①。职工劳动安全卫生权益得到较好维护，74.5%的职工没有患过职业病和受过工伤。保障职工履行民主管理权利的制度体系不断健全，70.8%的职工表示所在单位建立了职工代表大会制度或职工大会制度。服务职工文化阵地不断巩固拓展，69.6%的职工所在单位建有职工文体活动场所，77.37%的职工表示愿意到单位职工文体场所活动。

从调查上来看，民航职工队伍不断发展壮大，素质不断提升，

① 根据职工自行填写数据所得。

总体保持稳定，在推进民航高质量发展中主人翁地位进一步凸显。与此同时，伴随着经济发展和社会变化，民航职工队伍也出现了一些值得关注的新情况、新问题：部分群体职业成就感较低；职工劳动经济权益和民主政治权利保障水平仍需提高；职工技术技能素质与行业发展需求不相匹配；职工职业发展通道有待拓宽；工会组织的吸引力、凝聚力仍需增强。

二、民航职工队伍建设改革稳步开展

2017 年 2 月 6 日，习近平总书记主持召开中央全面深化改革领导小组第三十二次会议。会议审议通过了《新时期产业工人队伍建设改革方案》（以下简称《产改方案》）。4 月 14 日，党中央、国务院正式印发《产改方案》，明确了产业工人队伍建设改革的指导思想、基本原则、目标任务。产改工作由全国总工会牵头，人社部、国务院国资委等 30 个相关部门参与，通过建立健全制度机制、印发年度改革工作要点、召开经验交流会、举办专题培训班等方式指导推进。

民航局党组高度重视产业工人队伍建设改革工作，多次就民航职工队伍建设改革工作作出部署。自 2017 年 4 月《产改方案》印发以来，民航工会转发全国总工会关于学习宣传贯彻《产改方案》的通知，并在谋划和部署开展此后历年工会工作时，将产改总体思路和涉及工会的改革任务贯彻融入各项工作中。2019 年 6 月 3 日，全国人大常委会副委员长、全国总工会主席王东明率队到民航工会调研，看望民航系统劳模代表、一线职工、工会干部并召开工会工作座谈会，深入了解民航工会在产业工人队伍建设改革中作用发挥等情况。座谈会上，王东明对民航各级工会坚持围绕中心、服务大局，团结动员职工推动民航事业持续健康发展取得的成绩给予充分肯定，并就民航系统学习贯彻习近平总书记关于工人阶级和工会工作的重要论述，贯彻落实中国工会十七大目标任务，更好发挥产业工会在经济社会发展大局和工会工作全局中的作用提出要求。民航局局长冯正霖介绍了民航工作的基本情况、新时代民航发展战略和当前民航工作重点。民航局副局长、民航工会主席董志毅从在坚定政治方向中凝聚新力量、在服务中心大局中创造新业绩、在维权和服务中彰显新作为、在深化改革创新中担当新使命四个方面介绍了民航工会工作的特色和亮点。

从 2021 年上半年开始，民航工会着手起草民航职工队伍建设改革工作方案，联合民航局综合司、航安办、人教司、计划司、政工办，历时近一年时间，总结 4 年多来民航系统产改工作情况，研究制定了《深入推进新时代民航职工队伍建设改革工作方案（2022—2025 年）》（以下简称《职改方案》），以民航局名义于 2022 年 3 月印发。《职改方案》按照“政治上保证、制度上落实、素质上提高、权益上维护”的总体思路，提出了民航职工队伍建设改革的“四有”目标，即“政治有方向、建功有平台、事业有发展、生活有品质”，并提出了包括加强民航系统基层党建工作、加强和改进民航职工队伍思想政治建设、健全保证职工主人翁地位的制度安排等 15 个方面重点改革任务。

民航工会积极发挥牵头抓总作用，印发了民航工会系统贯彻落实民航职改方案的指导意见，之后配套出台了 10 余个政策文件，包括《民航行业职工职业技能竞赛管理办法》《民航行业职工职业技能竞赛激励机制》《关于改善站坪区域户外作业职工工作环境和休息场所的指导意见》等，为统筹推进产改提供制度机制保障。为充分发挥地区管理局在产改等工作中的作用，民航局党组印发《关于加强和改进民航地区管理局工会工作的意见》。

2023 年 7 月，民航工会召开七届三次全委会议，提出构建民航职工队伍建设改革“四梁八柱”体系。“四梁”即“四有”目标，“八柱”是指八个方面工作，即凝心铸魂工程、技能提升工程、创新创效工程、安全发展工程、职业激励工程、权益维护工程、服务职工工程、自身建设工程。“四梁八柱”涵盖了工会工作的主要内容。民航工会以强力打造产改“四梁八柱”为牵引，全面履行工会职能，推动工会工作不断走深走实。

三、民航职工队伍建设改革主要成效

产改实施以来，民航各单位按照民航局总体部署和民航工会推进举措，围绕思想引领、建功立业、素质提升、地位提高、队伍壮大等重点改革任务，积极发挥企业主体作用，在建设知识型、技能型、创新型民航职工队伍方面开展实践探索，取得阶段性成效。

2022 年 7 月，民航工会推荐包括中航集团、东航集团、南航集团、厦门航空、首都机场集团、民航局空管局在内的 13 家单位入选全国十大产业百家企业深化产业工人队伍建设改革专项行动。其中，中航油集团加强顶层设计，制发《中国航油新时代职工队伍建设改革实施方案（2022—2025）》，深化党建带工建，帮助职工实现“政治有方向”；广东省机场集团成立工匠学院，集团工会与集团人才发展研究院联合打造 8 个产教融合平台和 10 个实训基地，出台《广东省机场集团公司降本创效群众路线合理化建议工作管理办法》，帮助职工实现“建功有平台”；中航集团制定印发《中航集团专业人才评聘管理办法》，优化专业人才岗位评聘工作程序及能力素质评价标准，并将资深及高级岗位资质认定、人员聘任等工作放权至各单位自主开展，充分调动基层一线的积极性主动性，帮助职工实现“事业有发展”；首都机场集团全面加强对职工关心关爱，上线集团公司服务职工三个平台：员工心理关爱平台、员工服务大厅平台、员工服务一卡通平台，帮助职工实现“生活有品质”。

同时，民航工会还加大产改工作培训力度，与中国工人出版社学习强会平台联合开展“送训到基层”项目，将有关产改政策文件、各地经验等作为培训重要内容，不断提升工会干部推进改革的能力素质；大力挖掘总结改革经验，不断加强典型成果宣传推广，在《中国民航报·工会专刊》、民航工会微信公众号同时开设“民航职工队伍建设改革进行时”宣传专栏，对民航西南局工会推进扩大产业工会覆盖面工作、内蒙古机场集团“首席技师制”、上海机场集团“多层次、多渠道、全方位”职工素质工程体系等典型经验和亮点品牌进行推广，在全行业营造示范引领、互学互鉴、共同推动改革的浓厚氛围，进一步凝聚了改革共识。

通过七年来的实践，产改提出的五个方面的重点任务都取得突破。思想引领方面，民航职工理想信念更加坚定，对党的创新理论的政治认同、思想认同、理论认同、情感认同进一步增强，团结奋斗的思想根基更加筑牢。建功立业方面，近 300 万人次职工投身岗位练兵、技术比武、技能竞赛，越来越多的民航职工走技能成才、技能报国之路，劳动光荣、技能宝贵、创造伟大的浓厚氛围在全行业进一步形成。素质提升方面，大国工匠培育对象（提名对象）、民航工匠、企业各层级工匠不断涌现，“首席技师制”等技能导向改革举措进一步宣传推广，职工职业发展通道进一步畅通，技能人才经济待遇及职业荣誉感进一步提高。地位提高方面，行业 9 名一线劳模工匠当选党的全国代表大会代表，基层一线职工和劳模先进在党组织和群团组织代表大会、委员会中的比例进一步提高。队伍壮大方面，2022 年民航职工总数保守估算超过 80 万人，较 2013 年至少增长 26 万人，民航发展的有生力量不断壮大。

第十三章
建功民航高质量发展

新时代以来，民航工会组织引领民航职工围绕行业安全生产运行、经济效益增盈、服务工作改善、改革创新发展等中心工作，大力弘扬劳模精神、劳动精神、工匠精神，积极投身主题劳动和技能竞赛，开展创新创效，推进班组建优建强，持续发挥主力军作用，助力民航高质量发展。

一、大力弘扬劳模精神、劳动精神、工匠精神

习近平总书记一直关心劳模、关爱劳动者，党的十八大以来多次就弘扬劳模精神、劳动精神、工匠精神发表重要讲话，两次出席全国劳动模范和先进工作者表彰大会，在历年“五一”国际劳动节到来之际向全国广大劳动群众致以节日祝贺和慰问，多次同劳动模范代表座谈，勉励劳动模范，提倡劳动创造，讴歌劳动精神。习近平总书记的重要讲话为做好劳模工作指明了方向。在民航局党组领导和民航各级工会的动员下，民航职工大力弘扬劳模精神、劳动精神、工匠精神，立足本职岗位，主动担当作为，在推动民航高质量发展过程中涌现出一批劳模先进。

2015 年 4 月 28 日和 2020 年 11 月 24 日，党中央、国务院两次召开全国劳动模范和先进工作者表彰大会，民航系统 37 名职工被授予“全国劳动模范”称号。新时代以来，民航分别有 39 个

单位、68名个人和148个班组荣获全国五一劳动奖状、全国五一劳动奖章和全国工人先锋号。2015年，民航工会印发《全国民航五一劳动奖状、全国民航五一劳动奖章、全国民航工人先锋号评选管理工作办法（试行）》，规范劳模评选管理工作。发挥表彰奖励工作激励作用，截至2024年底，158个单位、248名个人和332个班组分别荣获全国民航五一劳动奖状、全国民航五一劳动奖章和全国民航工人先锋号（见表9）。党的十八大以来，全行业共有11名一线劳模工匠当选党的全国代表大会代表。

表9　新时代以来民航系统荣获全国劳动模范、五一劳动奖和工人先锋号情况

时间/年	全国劳动模范/个	全国五一劳动奖状/个	全国五一劳动奖章/个	全国工人先锋号/个	全国民航五一劳动奖状/个	全国民航五一劳动奖章/个	全国民航工人先锋号/个
2013		9	6	23			42
2014		4	8	13			40
2015	19		3		31	60	54
2016		2	5	10			
2017		4	5	20	32	60	52
2018		1	3	10		2	
2019		1	3	10		5	
2020	18	2	2	6	59	57	69
2021		6	11	18			
2022		3	7	11	36	62	66
2023		4	8	15		2	9
2024		3	7	12			
合计	37	39	68	148	158	248	332

“中国民航英雄机组”川航3U8633航班机组和“中国民航英雄机长”刘传健、参与北京大兴国际机场建设和C919大型客机适航审定等先进单位及个人是劳模先进中的典型代表。

★“中国民航英雄机组”川航3U8633航班机组。

2018年5月14日，由重庆飞往拉萨的四川航空3U8633航班客机在9800米高空突发驾驶舱挡风玻璃破裂脱落状况，刘传健机长带领8名机组成员成功处置这一突发问题。飞机成功降落在成都双流机场，确保了119名旅客和9名机组人员的生命安全，创造了航空史上的奇迹。6月8日，民航局、四川省人民政府授予川航3U8633航班机组“中国民航英雄机组”称号，授予刘传健“中国民航英雄机长”称号。9月，全国总工会授予刘传健全国五一劳动奖章、川航3U8633航班机组全国工人先锋号。9月30日下午，习近平总书记在人民大会堂亲切会见机组成员，并同大家合影留念，指出：“伟大出自平凡，英雄来自人民。”“希望你们继续努力，一个航班一个航班地盯，一个环节一个环节地抓，为实现民航强国目标、为实现中华民族伟大复兴再立新功。”“安全是民航业的生命线，任何时候任何环节都不能麻痹大意。”① 2018 年 10 月，民航工会举办“向英雄机组学习 我向人民表决心”活动，共策划 10 期专题，展示了民航广大职工的“决心”与“誓言”。

北京大兴国际机场建设投运凝聚了以劳模工匠为代表的广大民航人的智慧和汗水。2017 年 2 月 23 日，习近平总书记在视察大兴机场建设时指出，大兴机场是首都的重大标志性工程，是国家发展一个新的动力源，必须全力打造精品工程、样板工程、平安工程、廉洁工程。② 4 月 26 日，由全国总工会、中央电视台联合举办、民航工会承办的“中国梦·劳动美”——2017 年庆祝“五一”国际劳动节心连心特别节目在北京大兴国际机场主航站楼建设工地录制，节目突出歌颂以劳动模范、大国工匠为代表的广大劳动者。2019 年 9 月 25 日上午，习近平总书记出席北京大兴国际机场投运仪式，看望和慰问参与机场建设和运营的工作人员，并对民航工作作出重要指示，强调“民航业是国家重要的战略产业。要建设更多更先进的航空枢纽、更完善的综合交通运输系统，加快建设交通强国”“实践充分证明，中国人民一定能，中国一定行”③。9 月 27 日，民航工会印发《学习贯彻习近平总书记出席北京大兴国际机场投运仪式时重要指示精神的通知》。各级工会积极响应，通过组织职工观看新闻联播视频新闻、学习新华社新闻通稿及民航报社论、组织座谈交流等方式，广泛学习

---

① 《习近平：学习英雄事迹 弘扬英雄精神 将非凡英雄精神体现在平凡工作岗位上》，《人民日报》2018 年 10 月 1 日第 1 版。

② 《习近平：立足提高治理能力抓好城市规划建设 着眼精彩非凡卓越筹办好北京冬奥会》，《人民日报》2017 年 2 月 25 日第 1 版。

③ 《习近平出席投运仪式并宣布北京大兴国际机场正式投入运营》，《人民日报》2019 年 9 月 26 日第 1 版。

贯彻习近平总书记重要指示精神。2021 年，经民航工会推荐，全国总工会分别授予参与大兴国际机场建设投运的 2 个单位、2 名个人、6 个集体全国五一劳动奖状、全国五一劳动奖章、全国工人先锋号。

★ 北京大兴国际机场职工工作场景。

C919 大型客机是我国首次按照国际通行的适航标准自行研制、具有自主知识产权的喷气式干线客机，2022 年 9 月完成全部适航审定工作后获民航局颁发型号合格证。9 月 30 日上午，习近平总书记在人民大会堂会见 C919 大型客机项目团队代表并参观项目成果展览，充分肯定 C919 大型客机研制任务取得的阶段性成就。2023 年，经民航工会申报，全国总工会将 C919 大型客机适航审定作为重大专项，分别授予民航 1 个单位、1 名个人、3 个集体全国五一劳动奖状、全国五一劳动奖章、全国工人先锋号。

2016 年 10 月，东航 A320 机长何超在“10 · 11”事件中成功处突、化解险情，被授予全国五一劳动奖章；2021 年 5 月，宁夏机场公司地面服务公司机务工程队放行员杨磊在执行航后例行检查时，发现发动机第四级涡轮叶片损伤问题并及时消除安全隐患，避免了一起重大发动机运行不安全事件，被授予全国五一劳动奖章；2023 年 8 月，长安航空 9H8409 飞行机组成功处置“8 · 26”鸟击特情，保障了 183 名机上人员的生命安全，获全国民航通报嘉奖，被授予全国工人先锋号。

这一时期，民航工会通过召开表彰会议、开展劳模大讲堂巡讲、组织劳模参加本科班学习等形式宣传劳模事迹、弘扬劳模精神，持续发挥劳模示范引领作用。民航局李家祥局长、冯正霖局长、宋志勇局长先后出席民航五一表彰会议并讲话。民航劳模大讲堂巡讲活动是民航工会在新时代打造的一个特色工作品牌，自 2015 年起开始走进民航企事业单位，以“中国梦 · 劳动美——我为航班正常履职尽责”“中国梦 · 劳动美——与共和国同成长、与新时代齐奋进”“中国梦 · 劳动美——永远跟党走 奋进新征程”等主题开展巡讲，通过讲好民航故事，传播正能量，凝心聚力，得到了民航职工和院校师生的欢迎和认可。2015 年，巡讲活动走进民航四所高等院校，激励民航学子以劳模先进为榜样，2600 余人现场聆听巡讲。2018 年参加巡讲劳模达 28 人，为历年来最大规模，劳模分别来自飞行、乘务、空管、机务、运控、安检、航油等一线岗位，到 17 个单位巡讲 28 场，现场听讲人数达 8800 人。近年来，活动采用线上线下相结合方式开展，扩大了传播覆盖面。2021 年，在山东省机场管理集团的巡讲活动由山东卫视、济南电视台通过网络现场直播，受众广泛。截至 2024 年底，民航劳模大讲堂巡讲活动持续举办 56 场次，受众达 20 万人次。此外，民航工会根据全国总工会要求，先后推荐 4 名劳模赴中国劳动关系学院劳动模范本科班学习，促进劳模综合素质提升。

二、投身劳动和技能竞赛

习近平总书记高度重视技能大赛，致信祝贺2020年12月首届全国职业技能大赛举办，强调大力弘扬劳模精神、劳动精神、工匠精神，培养更多高技能人才和大国工匠。民航局党组高度重视关键岗位人员资质能力建设，着力打造知识型、技能型、创新型民航职工队伍。

民航工会按照民航局党组和全国总工会部署要求，围绕民航安全发展等中心工作，深入开展“当好主力军、建功十二五”“践行新理念、建功十三五”“当好主人翁、建功新时代”“建功十四五、奋进新征程”主题劳动和技能竞赛，构建职工技能形成体系，畅通职业发展通道，团结动员广大职工为民航高质量发展建功立业。

民航工会适应新时代、新技术变革形势，围绕中心、服务大局，通过建机制、搭平台、强引领，持续加大竞赛工作力度，构建立体化、多层次竞赛体系。党的十八大以来，民航工会组织开展了32项国家级二类和民航一类技能竞赛（其中首次举办的竞赛19项，见表10），参与职工285万人次，着力激发广大职工干事创业热情，促进民航职工队伍技能提升。

表10　党的十八大以来民航系统首次举办的技能竞赛统计情况

序号	时间	技能竞赛名称
1	2013年9月	民航机场候机楼服务岗位职业技能大赛
2	2013年11月	中国民航航空油料计量统计员职业技能大赛
3	2014年9月	中国民航航空器地面设备职业技能竞赛
4	2014年10月	中国民航飞行签派员岗位职业技能大赛
5	2014年11月	中国民航收入结算员职业技能大赛

续表

序号	时间	技能竞赛名称
6	2015 年 11 月	民航客舱机组机上处突岗位技能比武活动
7	2016 年 10 月	中国民航机场消防战斗员岗位职业技能大赛
8	2016 年 11 月	中国民航网络技术员岗位技能大赛
9	2017 年 10 月	中国民航机务维修岗位职业技能大赛
10	2018 年 9 月	中国民航网络安全职业技能竞赛
11	2018 年 11 月	中国民航机场助航灯光电工职业技能竞赛
12	2019 年 11 月	中国民航机场登机桥操作员职业技能大赛
13	2020 年 9 月	全国民航航空器事件调查技能竞赛
14	2023 年 3 月	中国民航国际化人才技能大赛
15	2023 年 5 月	中国民航机场运行指挥员职业技能大赛
16	2023 年 6 月	全国军民航机场应急救援联合比武对抗赛
17	2024 年 8 月	中国民航客运员岗位技能大赛
18	2024 年 10 月	中国民航货运员职业技能大赛
19	2024 年 11 月	中国民航飞行员职业技能大赛

2014 年 7 月，民航工会修订印发《民航行业职工职业技能竞赛管理办法》《民航行业职工职业技能竞赛激励机制》，规范和加强技能竞赛管理工作，健全包括职业资格晋升、职业发展、薪酬提升、劳模选树等方面在内的职工职业激励体系，促进了民航工会系统持续深入开展多层次、多岗位的劳动和技能竞赛，实现了对民航主要工种的全覆盖，进一步促进民航高技能人才成长。2017 年举办首届中国民航机务维修岗位职业技能大赛，民航局局长冯正霖出席大赛，强调机务维修工作是坚守安全底线的重要“支柱”，机务维修单位是“三基”（基层、基础、基本功）建设的主要阵地，机务维修队伍是践行工匠精神的主力军。2020 年 9 月举办的首届全国民航航空器事件调查技能竞赛参赛人员范围首

次扩展至民航监察员。2014 年至 2020 年，开展 17 项全行业技能竞赛及 60 项集团公司（地区）级技能竞赛，参与职工 85 万人次。通过技能竞赛，9 人获“全国技术能手”称号，18 人获“全国交通技术能手”称号，147 人获“全国民航技术能手”称号，149 人获“全国民航金牌员工”称号。

★ 2024 年，中国东方航空集团有限公司举办客舱系统第三届乘务员职业技能竞赛。

2021 年至 2024 年，民航工会开展“十四五”全国引领性劳动和技能竞赛项目——民航职工技能提升行动，民航职工职业技能竞赛列入全国总工会首批扶持的技能竞赛项目。2022 年民航工会再次修订印发民航职工职业技能竞赛管理办法和激励机制。新制度旨在提升竞赛选手构成的科学性及荣誉授予的激励性，通过在全行业同一工种（岗位）从业人员中随机抽取一定比例的职工参加全国赛，根据不同工种（岗位）从业人员数量设置不同数量的相关荣誉，激励更多的职工学练技能、参与技能竞赛。新制度施行后，在 2023 年第二届中国民航网络安全职业技能大赛中，10 支随机抽取的参赛队伍有 4 支进入决赛，其中深圳空管站包俊获得大赛个人综合成绩第一名。实践表明，新竞赛机制彰显了推动全员普遍练兵、促进全员提升技能的应有激励作用。2023 年，按照民航局党组关于提升关键岗位人员资质能力要求，民航工会联合民航局 7 个司局印发《关于飞行等关键重点工种（岗位）技能竞赛形成机制的意见》，明确民航关键重点工种（岗位）技能竞赛按周期举办，形成长效机制，进一步发挥技能竞赛在保障航空安全、促进民航高质量发展中的作用。2023 年 3 月举办首届中国民航国际化人才技能大赛，民航局副局长韩钧出席大赛。大赛采用新的激励机制，即决赛个人综合前 9 名选手被授予“全国民航技术能手”称号，个人综合前 15 名选手被授予“全国民航金牌员工”称号，荣获大赛个人综合成绩第一名选手按程序授予“全国民航五一劳动奖章”称号。2024 年 11 月举办首届中国民航飞

★ 2024 年 11 月，首届中国民航飞行员职业技能大赛。

行员职业技能大赛，全行业5.6万余名飞行员参加培训练兵。民航局局长宋志勇出席大赛并讲话，强调广大飞行职工要争做“思想先进、知识丰富、技术过硬、作风扎实、遵章守纪”的标杆模范。在民航工会引领带动下，各单位采取提高工资待遇、晋升职业资格、授予技术能手、评选先进、劳务工转制正式工、外来工入户、选派赴国内知名大学培训或出国学习交流、纳入后备干部培养、优先提拔、晋升到管理岗位等激励举措，推动职工技能价值得以体现，畅通职工职业发展通道。

三、创新创效助力改革发展

习近平总书记重视关心职工创新工作，致信祝贺2022年4月举办的首届大国工匠创新交流大会，强调技术工人队伍是支撑中国制造、中国创造的重要力量。民航局党组重视科教创新，全面实施以智慧民航建设为牵引的发展战略。民航工会围绕智慧民航建设，深化群众性创新创效，通过搭建平台、强化引领，广泛深入持久开展“五小”创新、技术革新、技术协作和合理化建议等活动，创建劳模和工匠人才创新工作室，全面推动民航职工创新创效。

2014年3月至2015年2月，民航工会开展三期“我为航班正常建言献策”合理化建议征集评选活动，共征集689条建议，评选出34条优秀建议，为促进全行业航班正常作出积极贡献。2021年，举办以“我创新·我奋斗：强三基·守底线·促发展”为主题的“五小”创新Vlog展示活动，88个单位推荐作品1131个，平台点击量达千万人次，带动全行业全年产生1.5万项“五小”成果。2022年5月至9月，结合行业安全形势，在全行业开展“民航职工群众性安全隐患排查暨合理化建议”征集活动，组织广大职工和班组围绕运行组织管理、安全风险防控、人员资质能

★ 2023 年 7 月，中国民航工会参展第二届大国工匠创新交流大会暨大国工匠论坛。

力、机务维修保障、规章制度执行、隐患排查整治、作风建设等方面存在的问题提出合理化建议，共征集 22125 条，采纳 10488 条，为坚守安全生命线、促进企业恢复发展、维护职工健康权益作出积极贡献。2022 年 12 月，南航“我的飞机”移动 App、内蒙古机场“可移动模拟航空器”项目荣获第六届全国职工优秀技术创新成果。2023 年，南航、内蒙古机场“五小”做法入选全国总工会群众性创新活动典型案例集，南航“我的飞机”移动 App 入选全国总工会 2023 年创新补助项目，中航段黄科创新工作室“飞机地面燃油交输系统”项目荣获第七届全国职工优秀技术创新成果。

民航工会落实全国总工会“在开展劳动竞赛的企业中普遍建立劳模创新工作室”要求，进一步发挥劳动模范和技能人才在民航创新驱动、转型发展、安全发展中的示范引领和骨干带头作用，

★ 2019 年，中国航空集团有限公司举办劳模工匠宣讲暨劳模和工匠人才创新工作室授牌活动。

于 2015 年至 2018 年先后印发《关于推进民航劳模（高技能人才）创新工作室创建工作的指导意见》《全国民航劳模（高技能人才）创新工作室创新补助资金管理办法（试行）》《关于申报全国民航劳模（高技能人才）创新工作室的补充通知》，明确创建工作的目标任务、工作原则和创新工作室的角色功能、创建条件以及相应的激励机制，有力推动了劳模创新工作室创建工作在民航系统广泛开展。以助航灯光为主业的上海机场顾鹏飞劳模创新工作室于 2015 年入选第一批“全国示范性劳模创新工作室”，以客舱服务为主业的东航李文丽劳模创新工作室和以消防救援为主业的内蒙古机场呼和浩特分公司皇甫创新工作室分别在 2017 年和 2020 年入选第二批和第三批“全国示范性劳模和工匠人才创新工作室”。2017 年至 2024 年，民航工会开展 6 批次选树活动，共命名 100 个全国民航劳模和工匠人才创新工作室。2023 年，民航工会牵头创建 C919 飞机安全运行创新工作室联盟，行业内外 5 家单位的 8 个创新工作室首批入盟，助力 C919 飞机安全运行，推动国产民机高质量发展。

四、持续推进班组建优建强

民航工会不断加大班组建设力度，聚焦班组建设的重点领域、关键环节，加强政策指导、资金支持、载体融合、宣传推广。2016 年，着力推动民航局党组加强“三基”建设工作要求在基层落地。2017 年 12 月，印发《关于进一步加强班组建设的指导意见》，明确班组基础建设、思想教育、安全生产、创新创效、文化建设、职工素质提升、班组长队伍建设、“职工小家”建设思路方向，为各单位持续加强班组建设提供政策指导和制度保障。各单位工会制定实施方案，围绕行业中心工作和职工队伍素质提

★ 2024 年 8 月，新时代民航班组安全文化建设成果展示活动。

升两大核心任务，抓基层、打基础，持续推动所在班组建设工作提质增效。南航集团通过比安全、比效益、比服务、比技能、比纪律，机制建设、素质建设、文化建设，抓典型、抓交流、抓培训、抓推进等举措不断推动班组建设。中航集团围绕“安全有保障、服务有品质、学习有实效、文化有建树”分类开展班组建设。首都机场集团以构建优质高效的生产单元、职工成长的人才摇篮以及和谐共享的职工家园为目标，积极打造安全型、服务型、经营型、保障型班组。民航局空管局以“思想作风好、安全业绩好、团结协作好、技能创新好、管理模式好”为内容进行“五好班组”建设，努力实现“五好班组”创建工作全覆盖。

经过长期培育和发展，全行业一批扎根基层、埋头苦干、创新创效的优秀班组脱颖而出。为表彰先进、选树榜样，民航工会自 2012 年 12 月起每 5 年召开一次全国民航班组建设表彰暨经验交流会，截至 2024 年底共表彰 37 个全国民航最具影响力班组，566 个全国民航示范班组。3 次评选活动选树宣传了国航客舱服务部金凤乘务组、上海虹桥国际机场公司安检护卫保障部安捷组、北京大兴国际机场航站楼管理部智捷班组等一批优秀典范，在全行业掀起了深入推进班组建设、强化“三基”工作的热潮。此外，民航工会于 2019 年 6 月和 2023 年 6 月举办两届全国民航优秀班组长赋能研修班，共有 162 名优秀一线班组长参加。

2013 年以来，民航工会先后举办了“我和我的班组”主题征文活动、“我的班组我的家”主题展示活动、“存敬畏 · 守底线 · 建小家”全国民航班组主题 Vlog 展示活动、“为安全筑基 · 为发展蓄力”民航班组短视频大赛、以“为安全筑基 为发展赋能”为主题的新时代民航班组安全文化建设成果展示活动，吸引众多班组长及职工参与其中，有力推动了民航班组建设广泛深入开展，进一步夯实了民航安全发展基础。

第十四章
加强维权服务工作

民航工会紧紧围绕职工利益关切，扎实履行工会基本职责，深化职工合法权益维护，健全职工服务工作体系，推动构建和谐劳动关系，促进职工队伍稳定，提升职工的获得感、幸福感和安全感。

一、深化职工合法权益维护

推进劳动关系和谐企业创建活动。民航工会延续2012年对“全国模范劳动关系和谐企业”的复查工作，深入复查单位，通过听取行政和工会汇报、与职工座谈、发放调查问卷、实地走访、按照《创建劳动关系和谐企业活动评分标准》重新打分等形式，于2013年底完成对首都机场贵宾公司和中航集团的复查，保证民航创建活动质量，发挥先进示范引领作用。2017年至2018年，开展管制员、飞行员、女职工、安检队伍状况调研，深入了解掌握四个群体的总体情况、劳动经济权益、民主政治权利及精神文化权益保障情况，为各级工会更好维护职工权益提供参考依据。自2018年起，先后三次举办劳动关系法律培训班，200多名工会干部参训，提升了工会干部依法协调劳动关系的能力和素质。2020年至2023年，通过完善劳动权益保障制度、采取稳岗保薪等举措，关心关爱疫情防控一线职工，缓解新冠疫情对劳动关系的挑战，积极构建民航和谐劳动关系，切实维护职工队伍稳定。2022 年 9 月，经民航局推荐，中国民航信息网络股份有限公司被国家协调劳动关系三方命名为“全国和谐劳动关系创建示范企业”。

深化以职代会为基本形式的民主管理工作。民航工会贯彻落实中央关于构建和谐劳动关系的部署，坚持系统推进、规范建设、典型培育、示范引领的工作思路，以职代会规范化建设为重点，推动民主管理工作取得新的进展和成效。根据《企业民主管理规定》和《中华全国总工会关于加强公司制企业民主管理工作的意见》，2014 年至 2020 年先后印发《关于贯彻党的群众路线加强企业民主管理的意见》《关于加强和规范民航企事业单位职工代表大会提案工作的意见》《关于民航企事业单位职代会事项向上级工会报告备案的指导意见》《关于在民航企事业单位中深入推进职工代表巡视检查工作的意见》等一系列文件，有效推进了全行业的民主管理工作，进一步拓宽了职工群众参与企业民主管理、表达利益诉求的渠道。2013 年 11 月和 2020 年 4 月编印两版《民航企事业单位民主管理工作指导手册》，帮助各级工会干部学习掌握相关法规政策，解决实操过程中的疑难困惑，进一步推进和规范民主管理工作。

自 2015 年起，每两年举办一期民航企事业单位民主管理工作培训班，并于 2022 年和 2023 年分别开展“聚合力 促发展”民航系统优秀职代会案例及优秀职工代表提案征集推荐活动和首批民航企事业单位民主管理工作互查交流。2013 年 11 月和 2023 年 11 月，两次召开全国民航民主管理工作先进单位表彰暨经验交流会，表彰 10 家全国民航民主管理工作先进单位，14 家单位交流民主管理工作思路与举措。截至 2024 年底，全行业职代会建制率超过 95%。这一时期，经民航工会推荐，民航共有 6 个单位被授予“全国厂务公开民主管理先进单位”称号。

完善集体协商和集体合同制度。民航工会高度重视集体协商和集体合同工作，深入贯彻落实全国总工会发布的《2011—2013年深入推进工资集体协商工作规划》《关于提升集体协商质量增强集体合同实效的意见》《深化集体协商工作规划（2014—2018年）》，积极推动集体协商工作深化发展，构建和谐稳定的劳动关系。2014 年 11 月，印发《集体合同考评标准》，对集体合同的应有内容和程序的 13 项 64 个条款逐项打分，并建立工作联动机制，将集体合同依照考评标准打分达标与否，作为评选表彰模范劳动关系和谐企业和模范职工之家的必备条件，推动工会各项工作同步开展。2014 年 5 月和 2017 年 5 月，两次开展集体协商和集体合同工作专项调研，要求各单位开展自查，并经认真梳理和分析研究形成全行业开展集体协商工作调研报告。两次调研表明，民航业集体协商程序规范、集体合同内容翔实、集体协商建制率和集体合同覆盖率情况良好，对于维护职工合法权益，调动广大职工的积极性、创造性，促进企业生产发展和经济效益提高，推动民航健康快速发展，发挥了重要作用。2019 年 6 月，认真贯彻中国工会十七大提出的“以提质增效为重点深化集体协商工作”的任务要求，印发《民航系统深入开展集体协商质效评估工作方案》，细化评估方法，通过建立和完善以职工参与率、知晓率、满意率和企业认可率为导向的集体协商质效评估体系，以开展质效评估为牵引，推动各单位进一步提升集体协商工作质量、增强集体合同实效，发挥集体协商制度协调劳动关系的基础性作用。

深化“安康杯”竞赛活动。“安康杯”竞赛紧密结合民航局中心工作，将“节能减排、排堵保畅”“保障航班正常”工作、“珍爱生命·健康生活”主题系列活动、“三个敬畏”（敬畏生命、敬畏规章、敬畏职责）要求、“三基”建设等纳入竞赛活动内容，将“坚守飞行安全、廉政安全、真情服务三条底线”“安全隐患零容忍”“落实《中共中央 国务院关于推进安全生产领域改革发展的意见》”纳入竞赛活动总体要求；竞赛岗位由飞行、机务、

★ 中国南方航空集团有限公司“安康杯”优秀安全故事现场展示活动。

乘务、安检、空管、油料、网络安全等向涉及民航安全生产运行全链条的各岗位延伸，参赛范围从航空公司、机场、航空油料、空管等民航传统安全领域拓展至民航信息服务、飞行训练、飞行校验等民航新兴安全领域，并由公有制企业向非公企业拓展。十多年来，参赛集体由 2012 年的 206 个发展至 2023 年的 453 个，参赛人数由 33.4 万人增至 73.7 万人，参赛班组数由 17146 个增至 37913 个。

2015 年 6 月，民航工会召开民航“安康杯”竞赛经验交流暨班组“三优创建”推进会。9 月，印发《关于在“安康杯”竞赛活动中开展班组“三优创建”活动的指导意见》，决定开展创建优秀安全班组、优秀安全班组长和优秀群众安全监督员活动，推动安全生产责任和措施落实到班组、落实到现场、落实到岗位。

同时将班组“三优创建”活动、职工安全健康宣传教育等列为具体评价指标，使“安康杯”竞赛活动内容更加丰富，“安”和“康”更加协调，维护职工安全健康权益、促进行业安全发展的作用越发明显。自2015年起，将劳动安全卫生专项集体合同签订情况纳入民航“安康杯”竞赛活动考核指标，并作为优胜单位参评的前提条件。2017年至2024年，共表彰200个优秀安全班组、171名优秀安全班组长、112名优秀群众安全监督员，示范引领3万多个班组成为保障民航安全的坚强堡垒。2016年和2018年，两次举办劳动保护工作培训班，共120余人参加培训。

民航“安康杯”竞赛活动设有优胜单位、优胜班组、先进个人三个奖项，行业各单位全部从民航系统报名参赛、评比表彰。全国“安康杯”竞赛组委会、全国民航“安康杯”竞赛组委会分全国和民航两个层级对表现突出的单位和个人进行考核、表彰。2013年以来，民航系统共获得全国优胜单位称号342个次、全国示范单位称号5个次、全国优秀组织单位称号14个次、全国优胜班组称号250个次，全国先进个人称号34人次、安康企业家称号2人次；民航系统表彰民航优胜单位96个次、民航优胜班组254个次、民航先进个人260人次。

做好工会法治宣传。自2014年“国家宪法日”设立以来，民航工会积极开展各类工会法律宣传活动，增强职工的法治意识。2014年以来，连续11年在“国家宪法日”举办法律知识有奖答题活动，参与人数不断增加，2021年参与人数最多，达5.88万人次，营造了尊法、学法、守法、用法的良好氛围。自2015年1月起，在《中国民航报·工会专刊》和民航工会微信公众号开设劳动法律知识宣传专栏，以深入浅出、通俗易懂的方式向职工介绍工资、劳动合同、养老保险、工伤保险、年休假、高温补贴、就业歧视等劳动关系热点问题，受到基层单位工会和一线职工的好评。此外，举办各类工会法律工作培训班，提高工会工作者运用法治思维和法治方式开展工作的能力。

二、健全职工服务工作体系

构建服务职工工作体系。2015 年 11 月和 2021 年 5 月，民航工会先后印发《关于推进各级工会建立服务职工工作体系和开展会员普惠制工作的指导意见》《关于进一步加强服务职工工作的指导意见》，推动各级工会加强使命担当，建立健全服务职工体系，积极构建会员普惠制模式的大帮扶格局，扩大工会服务职工工作覆盖面，提供具有工会特点和民航特色的普惠性、常态性、精准性服务，为职工群众办实事解难题，满足职工对美好生活的向往。为将指导意见落实落细，2016 年 7 月和 2020 年 12 月，分别开展工会服务职工工作体系和会员普惠制工作情况调研，召开工会服务职工工作经验交流视频会，推动各级工会进一步强化服务职工工作体系建设。

开展“送温暖”活动。2013 年至 2024 年，在元旦、春节期间，全行业各级工会开展“送温暖”活动共发放款物近 19 亿元，慰问职工约 470 万人次。每年元旦、春节期间，民航局领导都会带队深入基层单位和安全生产一线走访慰问，看望偏远地区、艰苦岗位和户外作业职工，把党中央的温暖、民航局党组的关心以及民航工会的慰问送到职工群众中去。此外，民航工会及相关单位工会对遭受雅安地震等突发自然灾害事故的职工、在新冠疫情期间面临集中隔离及封闭管理的职工和行业临时生活困难的职工等进行及时慰问援助，让职工群众感受到来自工会大家庭的温暖。

自 1998 年以来，经过多年沉淀积累，民航工会奖学金、助学金已成为民航工会延伸“送温暖”、结合行业实际开展金秋助学的品牌工作。2013 年 6 月，民航工会印发管理办法，将在中国民航大学、中国民航飞行学院、广州民航职业技术学院、上海民航职业技术学院设立的奖学金、助学金项目统一命名为“中国民航工会奖学金”和“中国民航工会助学金”，持续发挥工会组织在帮扶困难学生中的作用和影响。2015 年 8 月，为进一步加强奖学金、助学金的监督和管理工作，对该管理办法进行修订。2013 年至 2024 年，每年发放奖学金、助学金 60 万元，共资助 6300 多名品学兼优、生活困难的学生。

2016 年，民航工会启动农民工帮扶计划，通过开展农民工情况调研，拨付专项经费支持在民航就业的 6 万多名农民工提升职业技能和学历水平。2020 年，增加慰问站坪区域户外作业职工、在扶贫一线的驻村干部和扶贫干部。

开办“民航职工圆梦大学”。2018 年，为贯彻落实产业工人队伍建设改革决策部署，响应全国总工会、教育部“求学圆梦行动”，积极适应信息网络技术发展趋势和民航职工个性化学习需求，民航工会联合国家开放大学开办“民航职工圆梦大学”，以

★ 民航职工圆梦大学。

不脱产、不离岗、全天候的移动教学服务，开展面向民航职工的全网络本、专科学历教育，为民航职工提供了一个“人人皆学、处处能学、时时可学”的广阔平台，成为民航职工职业发展道路上的助推器，助力更多民航职工成才圆梦。2021 年，该项目被民航局党组列入“我为群众办实事”项目。

民航工会建立全程奖学金政策：入学有助学金（100%覆盖率）、每学期有奖学金（77%覆盖率）、毕业有奖学金（60%左右覆盖率），2018 年至 2024 年累计发放奖学金、助学金逾 1125 万元。截至 2024 年 10 月，“民航职工圆梦大学”累计招生 6794 人，毕业 3657 人，职工学员学风优良，总体成绩优异。

开展提升职工生活品质工作。2021 年 9 月，全国总工会启动提升职工生活品质试点工作。2021 年 11 月，民航工会印发《关于开展企业提升职工生活品质试点工作的通知》，明确试点目标和任务，正式启动民航系统企业提升职工生活品质试点工作；2022 年 4 月，确定 18 家单位为企业提升职工生活品质民航工会试点单位，推动试点单位制定三年工作规划，探索服务职工新模式，并为每家提供补助资金，用于培育创新帮扶服务职工项目。经民航工会推荐，东航集团、南航集团、中航油、首都机场集团先后被全国总工会确定为提升职工生活品质试点单位。

建设站坪共享休息室是民航工会提升职工生活品质的一项重要工作。为有效解决机场站坪区域户外作业职工群体休息难、饮水难、如厕难等问题，民航工会于 2019 年 11 月印发《关于改善站坪区域户外作业职工工作环境和休息场所的指导意见》，创新性地提出建立机场站坪休息室共用共享理念，通过建立长效机制和实施具体举措，保障户外作业职工的劳动健康权益。该意见首次将工会的服务对象聚焦在机场站坪区域户外作业职工，为改善其工作条件和休息环境奠定了制度基础。随后，部分机场先行先试，积极探索站坪休息室的共建共享，让机场站坪共享休息室有限的空间和资源惠及更多职工。

2021 年 5 月，民航工会印发《推进建立健全站坪区域户外作业职工休息场所共享机制实施方案》，在先期探索的基础上，全面推进站坪共享休息室建设工作，提出“6+N”的设施设备配置标准（“6”为规定项目，即一排座椅、一台空调、一台冰箱、一台微波炉、一台饮水机、一排插座；“N”为自选项目，即酌情配置电视机、自动贩售机、图书角、环保卫生间等），为各机场建设站坪共享休息室提供了标准和指南，并同时拨付专项经费，推动在 40 家机场修建 140 间共享休息室，基本覆盖了省会机场和年旅客吞吐量千万级机场，涉及场所面积共 7000 余平方米，惠及职工 8.2 万余人，成为一线职工暖心工程。此项工作当年被列入民航局党组“我为群众办实事”项目和“机场服务设施提升专项行动”。

★ 机场站坪共享休息室。

2021 年 7 月和 2023 年 7 月，民航工会两次召开专题工作会议，深入推进站坪共享休息室建设管理工作。2023 年，民航局将全国政协委员王煜提出的《关于建议改善民航一线人员工作环境》提案作为重点提案，交由民航工会主办，进一步推动改善站坪一线职工工作条件和休息环境。2023 年 4 月，全国总工会党组书记、副主席、书记处第一书记徐留平调研上海虹桥机场民航职工站坪共享休息室并给予充分肯定。2022 年 7 月和 2023 年 7 月，民航工会先后选树两批 99 个“民航职工站坪共享休息室示范点”，给予资金支持并制作发放铭牌，示范引领该项工作深入开展。2024 年“五一”国际劳动节前夕，由民航局机场司联合民航工会制定的《运输机场职工工间休息区规划设计指南》以咨询通告的形式正式对外发布，从规划布局、建筑设计、设施设备配置以及运行管理维护等方面，为运输机场职工休息区的规划设计和建设运营提供技术指导和建议，促进站坪共享休息室建设管理工作更加制度化、标准化。截至 2024 年底，民航职工站坪共享休息室实现对旅客年吞吐量千万级机场的全覆盖，对旅客年吞吐量百万级机场覆盖率达 84%。

推进心理关爱工作。2015 年以来，民航工会先后印发《关于进一步加强职工法律援助和心理关爱工作的意见》《关于进一步加强职工心理关爱工作的指导意见》，明确开展心理关爱工作的目标及具体举措，将心理关爱工作关注范围从飞行扩大到乘务、安检、地服、空管等压力大或直接服务旅客的职工群体，积极构建具有行业特色的职工心理关爱工作体系。各级工会通过积极宣传普及心理健康知识、搭建职工心理关爱服务平台、培训心理关爱志愿者、指导重点关键岗位职工进行心理调适等方式，增强职工心理健康意识，提升职工身心健康水平。2015 年 12 月，民航工会开设“民航职工心理关爱服务”微信公众号，针对民航职工易发的心理问题提供心理资讯、心理测评和心理自助服务。自

2017 年起，民航工会支持基层单位开展职工心理关爱项目和 EAP 专员培养培训，为有需求的单位提供专项经费补助，并于 2018 年和 2022 年两次召开职工心理关爱工作经验交流会。2021 年 4 月，加入民航局心理健康工作专班，进一步加强民航职工心理关爱服务工作。

在新冠疫情防控工作中展现工会担当。2020 年，面对新冠疫情对民航安全生产和职工生产生活带来的巨大挑战，民航工会贯彻习近平总书记关于疫情防控和复工复产重要指示批示精神，认真落实民航局党组和全国总工会工作要求，积极组织民航职工第一时间投入疫情防控工作，团结引导民航职工坚定打赢疫情防控阻击战的信心决心。在防控工作中，民航工会持续加强和完善职工防护及后勤保障条件，为复工复产的职工配发口罩、消毒用品，为生产一线职工配发护目镜和防护服等，为与旅客密切接触的安检、乘务和地服等岗位生产一线职工和民航系统各医疗机构医务人员做好职业防护和劳动保护，及时下拨专项经费到基层工会，用于加强职工防护、增强体质、后勤保障和改善工作环境。至 2021 年 1 月，先后向各级工会拨付疫情防控专项经费、支持复产复工职工“送温暖、送健康、送文化”专项经费，并出台 8 方面、28 项具体措施，助力打赢疫情防控攻坚战。各级工会充分发挥自身作用，开展疫情防控专项宣传，及时发布为推进疫情防控和复工复产出台的具体举措和工作安排，准确解读联防联控措施、健康防疫卫生知识、劳动用工法律法规等。

各级工会多措并举关爱一线职工，助力打赢疫情防控总体战。2021 年 10 月至 12 月，民航工会开展以“隔离不隔爱 温暖一直在”为主题的线上运动会，帮助集中封闭管理职工保持健康的生理状态和心理状态，共有 1533 名职工参与，收到运动打卡视频 18445 条。2022 年 7 月，面对持续高温给疫情防控、安全生产和职工健康带来的严峻考验，各级工会落实民航局《关于进一步做好夏季一线作业人员和空勤人员关心关爱工作的通知》要求，开展保障国际客货运一线职工专项慰问工作，加大对国际客货运航班的地面人员和空勤人员的保障力度，特别是在站坪露天场所作业需要穿戴防护服的一线职工。2021 年和 2022 年，民航工会先后开展集中隔离及封闭管理职工、行业临时生活困难职工等 4 类专项慰问。

三、加强女职工维权服务工作

推进女职工权益维护。2013 年 6 月至 7 月，民航工会按照全国总工会部署，组织开展民航系统女职工劳动保护网络知识竞赛，近 7 万名女职工参与。2015 年 6 月，民航工会女职委召开女职工特殊权益维护工作现场推进会，围绕落实《女职工劳动保护特别规定》、签订女职工权益保护专项集体合同、女职工“四期”保护、乘务员产后弹性工作制等内容进行经验交流，进一步推进各单位女职工权益维护工作。2016 年，民航工会推动《女职工劳动保护特别规定》纳入女职工专项集体合同，各级单位共签订女职工权益保护专项集体合同 479 份，覆盖 100%劳动合同制女职工，覆盖 98%以上劳务派遣制女职工。

2018 年以来，民航工会女职委每年组织开展女职工维权月活动，其中 2021 年以“创建安全健康平等的工作环境，依法维护女职工合法权益和特殊利益”为主题，多渠道宣传普及《促进工作场所性别平等指导手册（修订版）》《女职工权益维护法律知识微手册（修订版）》等与女职工权益保护相关法律法规知识，将促进工作场所性别平等内容纳入集体协商机制，取得良好成效。

加强女职工服务关爱。“爱心妈妈小屋”建设和“民航女职工大病互助金”保障是民航女职工服务关爱的两项重要工作。2014 年 7 月，民航工会印发《关于启动“爱心妈妈小屋”建设的通知》，正式启动“爱心妈妈小屋”建设并下拨专项建设资金，此后每年针对新建及已建“爱心妈妈小屋”建设管理给予补助、宣传、配书、升级等。截至2024年底，全行业共建成“爱心妈妈小屋”937间。此外，“民航女职工大病互助基金”从2013年第五期启动至2022年第七期结束，共有38.3万人次女职工参加，补助2806名患病女职工。2017年和2019年，民航工会女职委对女职工工作进行全面调研，2022年开展“职工生育后顾之忧情况分析”课题调研，全面了解一线女职工诉求，积极做好女职工关心关爱工作。

第十五章 深化工会改革创新

民航工会始终围绕保持和增强政治性、先进性、群众性，加强党建引领，深化改革创新，强化制度建设，不断增强工会工作的引领力、组织力、服务力，努力打造堪当使命的坚强有力的工会组织。

一、加强党的建设

民航工会认真贯彻落实习近平新时代中国特色社会主义思想，加强党建引领，按照民航局党组和全国总工会部署要求，胸怀“两个大局”、牢记“国之大者”，认真履行工会政治责任，团结带领广大职工坚定不移听党话、跟党走。

深入开展主题教育活动。新时代以来，民航工会认真参加党的群众路线教育实践活动、“三严三实”专题教育、“两学一做”学习教育、“不忘初心、牢记使命”主题教育、党史学习教育、学习贯彻习近平新时代中国特色社会主义思想主题教育、党纪学习教育等，把解决思想问题与解决实际问题相结合，积极发挥“娘家人”的桥梁纽带作用。2013 年，以学习、宣传、实践中国特色社会主义工会发展道路为主题，与黑龙江机场集团工会结对共创，开展“面对面、心贴心、实打实服务职工在基层”活动，推动解决基层实际问题。2016 年，结合“两学一做”学习教育，将工会服务职工工作体系和会员普惠制工作情况调研作为深入开展“两学一做”学习实践活动的具体举措。2019 年，结合“不忘初心、牢记使命”主题教育，开展民航职工职业技能竞赛优秀选手职业发展情况、民航职工阅读行为及职工电子书屋使用情况、机场站坪区域户外作业职工休息场所情况 3 项专题调研工作。2021 年，结合党史学习教育，将推进民航职工圆梦大学、民航职工站坪共享休息室等工作作为“我为群众办实事”实践活动的具体措施。2023 年，结合学习贯彻习近平新时代中国特色社会主义思想主题教育，深入基层调研倾听职工心声、大力推进为职工办实事项目；落实民航局党组主题教育“三深入三帮促”实践活动要求，实施民航工会领导班子基层联系点制度。

深入推进党风廉政建设。民航工会全面贯彻落实新时代党的建设总要求，把党的政治建设摆在首位，把全面从严治党贯穿于工会工作的全过程，确保全面从严治党要求在民航工会系统落到实处。2013 年和 2018 年，先后印发《关于落实全国总工会和民航局党组贯彻八项规定实施办法的具体措施》《民航工会贯彻落实中央八项规定的具体措施》，从改进调查研究、精简会议活动、精简公文电报、加强出差管理、加强培训管理、改进新闻报道、厉行勤俭节约 7 个方面提出落实举措。2021 年，印发《民航工会本级合同管理办法（试行）》《民航工会本级采购管理办法（试行）》《民航工会主席办公会议事规则》。认真落实党风廉政建设责任制，严守党的政治纪律和政治规矩，不断纠正“四风”问题。从严从实抓好经审发现问题整改工作。开展模范机关创建工作，制定实施廉政教育和提醒制度，开展经常性案例警示教育。加强对工会干部的常态化教育提醒，严格日常管理监督，持续涵养风清气正的良好政治生态。

二、加强组织建设

加强基层工会组织建设。根据《中共中央关于加强和改进党的群团工作的意见》《中华全国总工会关于新形势下加强基层工会建设的意见》，2015 年民航工会印发《关于新形势下进一步做实民航工会组织体系加强民航基层工会组织建设的意见》，2016 年、2019 年两次编写印发基层工会组织工作简明指导手册，推进基层工会建设规范和创新发展。2022 年 7 月，召开地区管理局工会扩大组织覆盖专项工作座谈会，贯彻落实民航局党组《关于加强和改进民航地区管理工会工作的意见》（以下简称《意见》），进一步推动管理局发挥地区性产业工会作用，确保《意见》落地落实。

持续推进职工之家建设。民航工会于 2014 年 11 月印发《民航工会职工之家建设标准及管理办法》，从 2015 年起开展职工之家复查验收工作，推进职工之家建设向规范化、制度化发展。2021 年 3 月，印发《全国民航模范职工之家、模范职工小家及优秀工会工作者评选表彰管理办法》。新时代以来，开展 2 次推荐评选工作，共表彰全国民航模范职工之家 98 个、全国民航模范职工小家 173 个、全国民航优秀工会工作者 74 个。在此荣誉基础上，推荐获评全国模范职工之家 18 个、全国模范职工小家 36 个、全国优秀工会工作者 17 个。

强化工会干部教育培训。民航工会不断强化干部教育培训，注重规划引领和示范带动，先后印发《民航工会干部教育培训规划（2017—2020）》《2021—2023 年民航工会干部教育培训规划》，举办基层新任工会主席、办公室主任、工会财务和经审干部、女职工干部等培训班。各级工会根据工作需要开展培训工作，确保工会干部紧跟形势，更好胜任工作。两轮培训规划执行期间，各级工会累计举办各类培训班 6735 次，培训人员约 43 万人次。自 2022 年起，民航工会与中国工人出版社学习强会平台联合开展“送训到基层”项目，为基层工会提供菜单式、定制式线上培训服务，三年来共培训 4562 名工会干部。

三、加强财务经审工作

加强财务工作。民航工会不断加强财务管理制度化、规范化建设。先后制定、修订民航基层工会经费收支管理实施办法；印发工会财务人员暂行管理办法、对下项目补助管理办法、工会预算管理办法实施细则、工会财务监督暂行办法实施细则；修订工会财务会计竞赛评比办法、工会财务会计管理规范等。2015 年根据全国总工会部署，在民航各级工会开展财务大检查，不断严明财经纪律，纠正和杜绝违法违纪行为。2021 年推动新《工会会计制度》贯彻实施和新旧会计制度衔接。建设民航工会云财务系统，加强工会财务信息化建设。2022 年 9 月，在全国工会财务知识竞赛中，民航工会代表队获团体二等奖，民航工会获优秀组织奖，3 名选手全部获个人赛二等奖。2023 年，开展工会经费汇算清缴，明确经费收缴进度，强化经费自主收缴主体责任意识，不断提升工会经费保障能力。

加强经审工作。民航工会经费审查委员会依法履行审查审计监督职责，认真做好本级经费预决算审查监督，按照五年审两轮的审计工作计划，新时代以来共开展对下审计 98 次，有力发挥经审监督作用。整章建制，印发《审计整改督查暂行办法实施细则》《中国民航工会经费审查委员会特约审计人员管理暂行办法》《中国民航工会经费审查委员会审计报告模板》。2012 年至 2015 年，民航系统 12 个单位、15 名个人分别被授予“全国工会经审工作先进集体”和“全国工会经审工作优秀干部”称号；2014 年至 2018 年，民航系统 13 个项目被评为全国工会优秀审计项目；2022 年和 2023 年，民航工会两次荣获全国总工会经审工作规范化考核二等奖。

展　望

新征程上的中国民航工运事业和工会工作

回顾中国航空事业百年峥嵘岁月，自发的中国民航工人运动发轫于旧中国航空事业，而自觉的中国民航工人运动则发端于那个时期中国共产党领导的“两航”起义。新中国成立后，在中国共产党领导下，随着新中国民航事业的建立，中国民航工会成立，中国民航工人运动走上了波澜壮阔的征程，推动中国民航实现跨越式发展，为国家经济社会发展作出了突出贡献。新征程上，中国民航工会以习近平新时代中国特色社会主义思想为指导，团结动员民航广大职工继续勇挑重担，走在前列，建功新时代。

新征程上，中国民航工会始终坚持党的全面领导，坚定拥护“两个确立”，坚决做到“两个维护”，在思想上政治上行动上同以习近平同志为核心的党中央保持高度一致，围绕党和国家工作大局和中心任务谋划和开展工作，引领民航广大职工更加紧密地团结在党的周围，听党话、跟党走。聚焦政治性先进性群众性，加强民航各级工会组织建设和改革，积极响应时代呼唤、回应职工需求，更好发挥桥梁纽带作用。

新征程上，中国民航工会坚持不懈用习近平新时代中国特色社会主义思想凝心铸魂，全面学习领会习近平新时代中国特色社会主义思想的科学体系、精髓要义、实践要求，强化职工思想政治引领，持续推动党的创新理论走近职工身边、走进职工心里，不断增强民航广大职工对党的创新理论的政治认同、思想认同、情感认同，筑牢团结奋斗的共同思想文化根基。

新征程上，中国民航工会团结号召民航广大职工在进一步全面深化改革，推进民航高质量发展、推进中国式现代化进程中充分发挥工人阶级主力军作用。加快建设一流的民航产业职工队伍。贯彻《中共中央 国务院关于深化产业工人队伍建设改革的意见》，落实民航局党组关于深化民航职工队伍建设改革的实施方案，打造一支“思想先进、知识丰富、技术过硬、作风扎实、遵章守纪”的民航职工队伍，建设一支与民航高质量发展需要相匹配的知识型、技能型、创新型民航产业劳动者大军。团结动员民航广大职工建功立业。聚焦发展新质生产力，广泛深入持久开展各种形式的劳动和技能竞赛，创新开展“四技五小两比”等群众性创新创造活动，鼓励民航广大职工立足本职创新创造、攻坚克难，推动民航高质量发展。发挥劳模工匠示范引领作用。大力弘扬劳模精神、劳动精神、工匠精神，健全劳模、工匠和高技能人才工作体系，建立健全工匠学院工作体系，加强劳模工匠创新工作室等平台建设，为民航广大职工创新创造提供服务和保障，最大限度把劳模工匠的技能优势转化为企业创新创造的发展优势。

新征程上，中国民航工会坚持以人民为中心，推动改革发展成果更多更公平惠及广大职工群众。切实维护好职工劳动经济政治权益。推动完善并落实职工工资决定、合理增长、支付保障机制。推动企业建立职业生涯终身培训制度，健全工匠人才培养、使用、评价、激励制度。推动职业技能评价与终身职业技能培训制度相适应，与使用、待遇相衔接。推动落实企业安全生产和职业病防治主体责任，有效维护广大职工安全健康权益。健全和落实以职工代表大会为基本形式的企事业单位民主管理制度，在发展全过程人民民主中保障职工民主政治权利。着力提升服务职工的质量水平。聚焦职工工作生活所需尤其是急难愁盼问题，健全“普惠性+特殊性”服务工作体系，助力提升职工生活品质。做优做实“送温暖”、送清凉、金秋助学、职工医疗互助等服务项目，建好用好职工服务阵地，健全线上线下融合的服务方式，为职工提供实时、精准、喜爱、高效的工会服务。健全完善困难职工常态化帮扶机制，推进全体职工共同富裕。推动构建新时代和谐劳动关系。为职工提供高效的法律服务。利用好 12351 工会服务职工热线，发挥好信访机制作用，努力把劳动关系矛盾和纠纷解决在基层、化解在萌芽状态。

新征程上，中国民航工会充分发挥工会联系服务职工群众的桥梁纽带作用。持续深化工会体制机制改革。深化工会组织体系建设，努力构建联系广泛、覆盖全面的工会组织体系，增强工会组织的引领力、组织力、服务力。健全工会工作标准化体系。加强对外交流合作，加强与港澳台地区职工和工会交流合作，讲好中国民航职工和工会故事。推进工会数智化建设，为职工提供更多贴心精准的服务。全面加强工会系统党的建设。以党的政治建设统领党的建设各项工作，持续推进工会系统党的自我净化、自我完善、自我革新、自我提高。深入推进党风廉政建设，坚决纠治形式主义、官僚主义，健全为基层减负长效机制，以高质量党建引领保障工会工作高质量发展。锻造高素质专业化工会干部队伍。健全工会干部育选管用评制度，着眼培养工会干部斗争精神和斗争本领，不断增强其推动高质量发展本领、服务职工群众本领、防范化解风险本领。树立选人用人正确导向，树立和践行正确政绩观，激发广大工会干部干事创业的内生动力。完善工会机关干部赴基层蹲点和联系点制度，引导工会干部践行党的群众路线。

宏图已铺展，笃行正当时。新征程上，中国民航工会坚持党的中心任务就是工人运动和工会工作的主题和方向，在民航局党组和全国总工会的坚强领导下，牢记党的重托、不负职工期待，团结动员民航广大职工发扬工人阶级优良传统，踔厉奋发、勇毅前行，汇聚起谱写加快建设交通强国民航篇章的蓬勃力量，为书写中国式现代化时代新篇作出更大贡献！

附录一

中国民航工会组织架构图（2024）

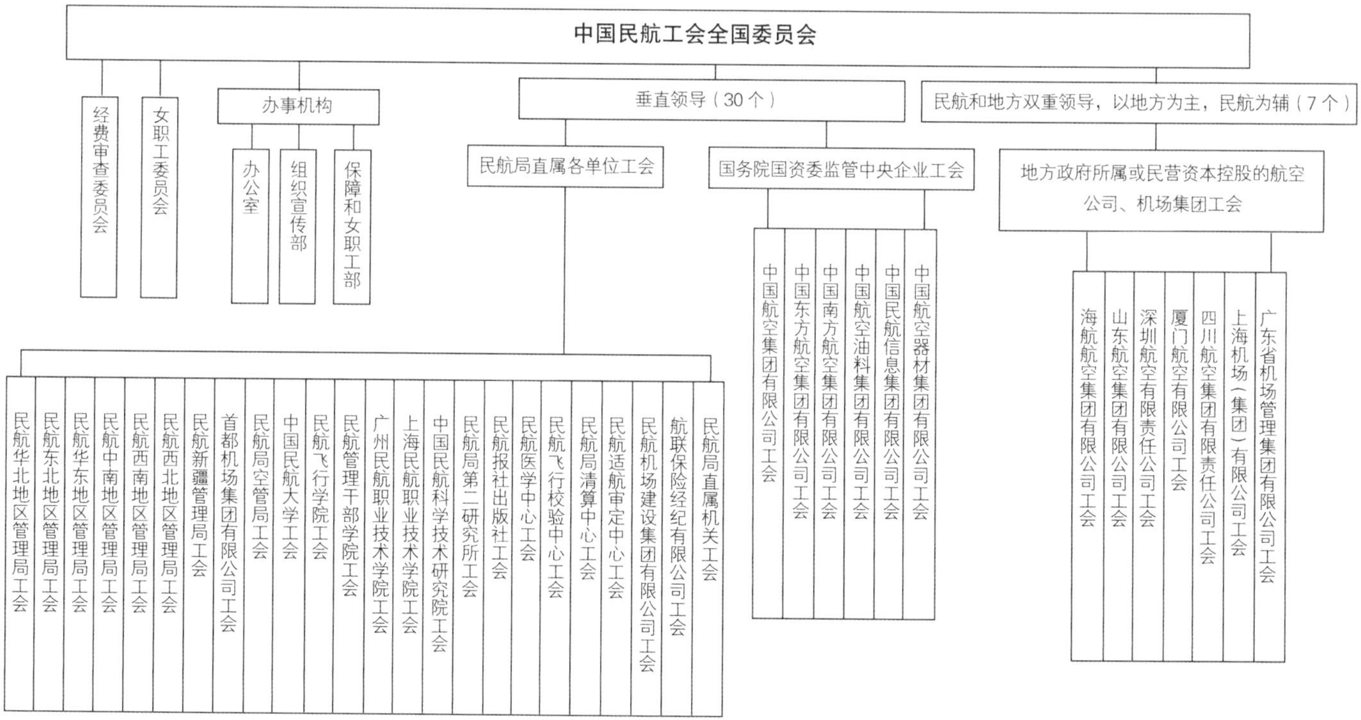

附录二

中国民航工会历届全国委员会领导名录表

届次	领导及任职时间			
	职位	姓名	当选会议	任职时间
第一届（1983.7—1990.12）	主席	王华元	第一次全国代表大会	1983.7—1990.12
	副主席	周应冀		1983.7—1985.1
		雷云霞	一届四次全委会议	1985.10—1990.12
	经审会主任	周应冀	第一次全国代表大会	1983.7—1985.1
		雷云霞	经审会一届四次会议	1985.10—1990.12
第二届（1990.12—1996.12）	主席	田风云	二届一次全委会议	1990.12—1996.12
	副主席	李克治（兼职）		1990.12—1992.4
		刘继胜	二届二次全委扩大会议	1991.12—1996.12
	经审会主任	海连成	经审会二届一次会议	1990.12—1996.12
第三届（1996.12—2003.7）	主席	田风云	三届一次全委会议	1996.12—2000.8
		高宏峰	三届五次全委会议	2000.8—2003.7
	副主席	赵炎松	三届一次全委会议	1996.12—2002
		安金林	三届五次全委会议	2000.8—2003.7
	经审会主任	海连成	经审会三届一次会议	1996.12—2002.7
		谭星禄	经审会三届七次会议	2002.7—2003.7

续表

届次	领导及任职时间			
第四届（2003.7—2009.10）	主席	高宏峰	四届一次全委会议	2003.7—2008.3
	常务副主席	安金林	四届一次全委会议	2003.7—2009.5
		黄丽辉	四届八次全委会议	2009.5—2009.10
	副主席	解连卯	四届三次全委会议	2005.1—2009.10
		毕务芳	四届八次全委会议	2009.5—2009.10
	经审会主任	谭星禄	经审会四届一次会议	2003.7—2006.2
		解连卯	经审会四届四次会议	2006.2—2009.5
		李跃华	经审会四届八次会议	2009.5—2009.10
第五届（2009.10—2014.10）	主席	王昌顺	五届一次全委会议	2009.10—2011.11
		李军	五届四次全委会议	2011.12—2014.6
		董志毅	五届九次全委会议	2014.6—2014.10
	常务副主席	黄丽辉	五届一次全委会议	2009.10—2014.10
	副主席	解连卯	五届一次全委会议	2009.10—2012.5
		毕务芳	五届一次全委会议	2009.10—2014.10
		王铎	五届六次全委会议	2013.1—2014.10
	经审会主任	李跃华	经审会五届一次会议	2009.10—2014.10
第六届（2014.10—2020.12）	主席	董志毅	六届一次全委会议	2014.10—2020.12
	常务副主席	黄丽辉	六届一次全委会议	2014.10—2020.9
		王铎	六届九次全委会议	2020.9—2020.12
	副主席	毕务芳	六届一次全委会议	2014.10—2020.12
		王铎	六届一次全委会议	2014.10—2020.9
		王忠才	六届九次全委会议	2020.9—2020.12
	经审会主任	李跃华	经审会六届一次会议	2014.10—2020.09
		齐金升	经审会六届七次会议	2020.09—2020.12

续表

届次	领导及任职时间			
第七届（2020.12—）	主席	董志毅	七届一次全委会议	2020.12—2022.9
		韩钧	七届三次全委会议	2023.7—
	常务副主席	王铎	七届一次全委会议	2020.12—
	副主席	毕务芳		2020.12—2023.2
		王忠才		2020.12—
		刘传健（兼职）		2020.12—
		齐金升	七届四次全委会议	2024.8—
	经审会主任	齐金升	经审会七届一次会议	2020.12—2024.8

附录三

中国民航工会历届历次全国委员会会议时间

历届全委会	时间	历次会议
第一届	1983 年 7 月 27 日至 8 月 1 日	第一次全国代表大会
	1984 年 7 月 16 日至 21 日	二次全委扩大会议
	1985 年 3 月 29 日至 4 月 2 日	三次全委扩大会议
	1985 年 10 月 17 日至 18 日	四次全委扩大会议
	1986 年 12 月 1 日至 7 日	五次全委会议
	1988 年 2 月 3 日至 6 日	六次全委扩大会议
第二届	1990 年 12 月 21 日至 23 日	一次全委会议
	1991 年 11 月 4 日至 7 日	二次全委扩大会议
	1992 年 2 月 24 日至 28 日	三次全委会议
	1994 年 2 月 16 日	四次全委扩大会议
	1994 年 3 月 22 日	五次全委扩大会议
第三届	1996 年 12 月 24 日至 26 日	一次全委扩大会议
	1998 年 2 月 8 日	二次全委扩大会议
	1999 年 3 月 2 日	三次全委扩大会议
	2000 年 3 月 10 日	四次全委扩大会议
	2000 年 8 月 24 日	五次全委会议
	2001 年 4 月 13 日	六次全委会议
	2002 年 3 月 16 日	七次全委扩大会议

续表

历届全委会	时间	历次会议
第四届	2003 年 7 月 25 日至 26 日	一次全委会议
	2004 年 4 月 22 日	二次全委会议
	2005 年 1 月 7 日	三次全委会议
	2006 年 2 月 23 日	四次全委会议
	2007 年 1 月 25 日至 26 日	五次全委会议
	2008 年 1 月 4 日至 5 日	六次全委会议
	2009 年 2 月 5 日	七次全委会议
	2009 年 5 月 20 日	八次全委会议
第五届	2009 年 10 月 31 日	一次全委会议
	2010 年 3 月 31 日	二次全委会议
	2011 年 2 月 24 日	三次全委会议
	2011 年 12 月 7 日	四次全委会议
	2012 年 2 月 22 日	五次全委会议
	2013 年 1 月 29 日	六次全委会议
	2013 年 6 月 27 日	七次全委会议
	2014 年 2 月 18 日	八次全委会议
第六届	2014 年 10 月 22 日至 23 日	一次全委会议
	2015 年 7 月 21 日	二次全委会议
	2016 年 2 月 25 日	三次全委会议
	2017 年 2 月 14 日至 15 日	四次全委会议
	2018 年 1 月 25 日	五次全委会议
	2018 年 7 月 24 日	六次全委会议
	2018 年 11 月 20 日	七次全委会议
	2019 年 3 月 5 日	八次全委会议
	2020 年 9 月 28 日	九次全委会议

续表

历届全委会	时间	历次会议
第七届	2020 年 12 月 22 日至 23 日	一次全委会议
	2023 年 2 月 24 日	二次全委会议
	2023 年 7 月 27 日至 28 日	三次全委会议
	2024 年 2 月 27 日	四次全委会议
	2024 年 8 月 22 日	五次全委会议

主要参考文献

1.《当代中国》丛书编辑委员会编：《当代中国的民航事业》，中国社会科学出版社，1989年。

2. 李军编：《中国民航年谱（1949—2010）》，中国民航出版社，2012年。

3. 李军、林明华：《中国民用航空史》，中国民航出版社，2019年。

4. 林千、邓有池主编：《中国民航大博览》，京华出版社，2000年。

5. 林明华：《民航导读》，中国民航出版社有限公司，2024年。

6. 刘明逵、唐玉良主编：《中国工人运动史（第一卷）》，广东人民出版社，1998年。

7. 刘亚洲、姚峻：《中国航空史》，湖南技术科学出版社，2008年。

8. 全国工会干部培训基础教材编写委员会编：《中国工人运动史概论》，中国工人出版社，2023年。

9. 王乃天编：《近代中国民航史稿》，《当代中国民航事业》编辑部，1987年。

10. 中国民航工会办公室编：《中国民航工会史料选编（1994—1998）》。

11. 中国民航工会办公室编：《中国民航工会第三届全国委员会史料汇编（1996年12月—2003年6月）》。

12. 中国民航工会办公室编：《中国民航工会第四届全国委员会史料汇编（2003 年 7 月—2008 年 12 月）》。

13. 中国民航工会办公室编：《中国民航工会第五届全国委员会史料汇编（2009 年 1 月—2014 年 7 月）》。

14. 中国民航工会办公室编：《中国民航工会第六届全国委员会史料汇编（2014 年 8 月—2019 年 12 月）》。

15.《中国工会运动史料全书》总编辑委员会编：《中国工会运动史料全书：民航卷》，中国民航出版社，1998 年。

16. 中国民用航空局思想政治工作办公室编：《两航起义始末》，中国民航出版社，2009 年。

17. 中国工运研究所编著：《新编中国工人运动史》，中国工人出版社，2016 年。

18. 中国民用航空局综合司编：《百年伟业——中国共产党领导下的中国民航事业》，中国民航出版社有限公司，2021 年。

19. 中共中央党史和文献研究院：《中国共产党的一百年》，中共党史出版社，2022 年。

后　记

为庆祝中华全国总工会成立100周年，落实中华全国总工会编撰《中国工运通史》产业卷部署，中国民航工会牵头，与中国民航管理干部学院相关同志共同编撰了《中国工运通史 民航工会卷》，向中华全国总工会百年华诞致以崇高敬意。

民航局党组高度重视本书的编撰工作。民航局党组书记、局长宋志勇在编撰工作启动之际即作出指示，民航局党组成员、副局长，中国民航工会主席韩钧始终关注本书编撰进展并给予指导。中华全国总工会、中国工运研究所、民航局机关各部门、民航有关单位工会给予了相应支持和帮助。逄国君、田晓青等中国工运研究专家，张增明、林明华、张聿温、孙德富等民航行业专家，安全林、黄丽辉、解连卯、毕务芳等民航工会退休的领导同志，卢士斌、李石文、贯荣健等民航工会系统退休或工作过的同志，张冲峰、郝雪松、赵树龙、李根等民航局有关部门同志，在该书的写作过程中或在对本书送审稿进行评审时都提出了宝贵的意见建议。

参与本书编撰工作的主要人员具体分工如下：

第一编：刘水展、齐金升；第二编：洪巧英、房雪；第三编：柳向红、苏江涛、关威、陈超；第四编：刘水展、祝川、杨轶、房雪、郜乐扬。

王铎对编撰工作进行总体指导、全程指导，齐金升对整体框架进行总体把握，齐金升、王忠才、刘水展对全书进行统稿与修改，高俊对前期编撰工作进行指导、对评审后的修改工作提出意见建议。孙小菲、张君周、陈松涛、周杰韬、陈艳、宋青励、王冠男、巫红妹参加了资料收集等工作。祝川、张君周全程负责书稿编撰的组织协调工作。陈松涛、任力参与了书稿编撰的前期部分协调工作。卢士斌参与了民航行业专家组的组织协调工作。李剑书、刘花洁对书稿涉及相关业务内容提出了意见建议。

本书的出版得到了中国工人出版社领导和编辑团队的大力支持，编辑团队付出了大量辛勤劳动，在此表示衷心感谢。

能够参与编撰国内首部比较全面、系统地反映中国共产党领导下民航工人运动奋斗历程的图书，深感使命光荣、责任重大。全体编撰人员高度重视、尽心尽力，但由于水平有限、资料一时难以收集齐全以及时间较紧等因素，书中难免存在错漏和不妥之处，恳请专家和读者不吝批评指正。

本书编委会

2025 年 3 月